# 子どもが自ら学びだす育て方

## 3人の娘をハーバードに合格させた

シム・ファルギョン=著
吉川南=訳

나는 이렇게 세 딸을 하버드에 보냈다
I MADE MY THREE DAUGHTERS TO ENTER HARVARD IN THIS WAY

By ESTHER JEE
Copyright©2022, ESTHER JEE
All rights reserved
Original Korean edition published by SAM & PARKERS CO., LTD.
Japanese translation rights arranged with SAM & PARKERS CO., LTD.
through BC Agency and Japan UNI Agency.
Japanese edition copyright © 2024 by KANKI PUBLISHING INC

# プロローグ

## 3人の娘をハーバードに合格させた母親になるまで

　用事があってロサンゼルス市内に出かけた。あちこち飛び回りながらも、心の片隅で、あることがずっと気にかかっていた。ハーバード大学の合格者発表の日だったからだ。午後2時頃には結果がわかるだろう。合格通知のメールが届くのを待っている長女のヘミンと一緒に家にいたら、むしろ子どもはかえって緊張し、プレッシャーを感じるような気がして、ふだん通りにその日を迎えたかった。親はハーバードに行くことをさほど期待していないというサインを出してやろうと思ったのだ。

　2時を回るとすぐ、携帯電話の着信音が鳴った。早くに電話がかかってきたのはいい知らせに違いない。そんな予感がした。

　「ママ……。ハーバードに合格したって！」

　涙と興奮が入り混じったヘミンの声を聞いた瞬間、とても言葉では言い表せないほどの感動が心の底から溢れ出し、感情を抑えられなかった。その日の用事をどうすませたのかも覚えていない。娘自身も、ハーバードからのメールが届いたとき、緊張のあまりメールを開くことができなかったという。そこで妹たちが代わりにメールを開いたのだが、「Congratulation（コングラチュレーション）」という最初の単語を見た瞬間、姉妹で「わぁ～！」と歓声を上げながら抱き合い、その

場が感激の嵐になったそうだ。

　その後もわが家は、ハーバード大学の合格通知をさらに２回も受け取ることになった。しかし、慣れるどころか、１回目よりも２回目、さらに３回目のほうが緊張した。三女のヘソンは姉たちとは違い、デジタルネイティブ世代にふさわしく、合格メールを開くシーンを動画で撮影する準備までしていた。今でもその動画を見ながら、当時の感動を嚙みしめている。

　長女のヘミンがハーバードに入学して以来、知人から一番多く聞かれる質問はこうだ。

「お母さんとお父さんどちらに似たんですか？」

　ところが、私も夫もその質問に答えることができなかった。どちらにも似ていないからだ。私たち夫婦は同じ大学と大学院で学んだ同窓生カップルだったので、お互いのことをよく知っており、ヘミンがどちらにも似ていないこともよくわかっていた。だから、質問にはこう答えていた。

「どちらにも似ていないんです。突然変異ですから」。

　その答えに、聞く人は皆うなずくのだった。突然変異という言葉には、それなりの説得力があったらしい。
　ところが、次女のヘウンに続いて三女のヘソンまでがハーバードに入学すると、どうやって３人をハーバードに合格させたのか、会う人

会う人に秘訣を聞かれるようになった。「娘さんたち、いったい誰に似たんですか?」。そう聞かれると、私たちはいつも同じ答えを言った。

「3人とも突然変異なんです」。

もはやこの答えに満足する人はいなかった。そして、さらに質問を続けるのだった。

「1人ならともかく、3人とも突然変異だなんてありえないでしょう。『ハーバードDNA』のようなものがあるんじゃないですか? 教えてくださいよ」。

この言葉を聞いて、「本当にハーバードDNAがうちの家族にあるのだろうか?」と考えるようになった。

その答えの代わりに書いたのが、この本だ。そして結局、わが家の家庭教育が、3人の娘をハーバードに合格させたDNAだということを発見したのだ。そして、そのDNAが具体的に何なのかを教えてあげれば、少しでも子どもを育てるすべてのお母さんたちの役に立てるかもしれないと考えた。本書が大切な子どもたちにとって、自分のなかにある偉大な巨人を発見し、目覚めさせるきっかけになってくれたらいいと思う。

## 子どもに関するすべてのことを集めるコレクター

ある日、高校3年生になる長女ヘミンのカウンセラーから連絡が来

た。母親として娘をどう見ているのか聞きたいという。学校でのヘミンではなく、生まれ育った家庭環境や、今までどう育ってきたのかが知りたいのだろう。それは大学進学の推薦状を書くためだった。「ママ、ちゃんと話しておいてね」。ヘミンが心配そうな顔で言った。私は「大丈夫。ママはヘミンのことを説明できるすべてのものを持ってるから」と伝えた。そして、今まで宝物のように大切にしまっておいたヘミンに関する記録が保管されているファイルと、ヘミンの人生のポートフォリオとも言える資料を取り出してきた。「わあ、ママ、すごい！ いつのまに、こんなに集めたの？」。ヘミンが、驚いて目を丸くした。

　重いファイルのなかには、4歳頃からのヘミンに関するさまざまな歴史が入っていた。先生のコメントが小さな字でびっしり書かれた、色褪せた幼稚園の成績表、学校で褒められたり表彰されたりした作文（ヘミンは作文に書き添えられた先生たちのコメントを読んで、その頃に戻ったみたいだと大喜びしていた）、アカデミック賞を取ったときのケンタッキー市長杯、地域のボランティア活動でオーケストラ公演をしたときの修了証、学校新聞で取材された記事、卒業式で学生代表挨拶をしたときの原稿まで。これまでヘミンが歩んできたすべての足跡が残されていた。これだけの資料があれば、推薦状を書く先生もヘミンがどんな子かを完璧に把握できるだろう。ヘミンはウキウキした様子でその重いファイルを軽々と抱えて学校に持っていき、カウンセラーに見せた。資料を見て大いに感動した先生は、こんなお母さんがいてヘミンは幸せだ、と何度も繰り返し言ったという。

## 私はごく平凡な母親だった

　ヘミンからその話を聞いて、「私は果たして褒められるほど立派な母親なのか？」と自問自答した。

　私は平凡な家庭で育った。いや、むしろ貧しいほうだった。しかし、父の教育熱だけは大変なものだった。私の父は大学こそ出ていないが、多彩な分野に関心を持ち、とても博識だった。だが、残念なことに父は人生のなかで、その知識を生かして成果を上げることはできなかった。だから、自分が叶えられなかった夢をわが子を通して達成しようと、毎日夕食後に勉強を教えてくれた。当時、「毎日勉強」というドリルがあったが、父はこの教材を使って、自ら問題を読みながら私たちにも解かせた。このような父の教育熱が、わが家の雰囲気を作り出していた。

　幸い、私の兄は父の夢を叶えてあげられるほどの実力を備えていたが、私は父の期待ほど賢くはなかった。そのため、父はしばしば私を見ては、じれったそうな顔をするのだった。父に勉強を教わりながら、何度叱られ、何度泣いたことだろう。「私は頭が悪いのかな？」と思ったこともあったが、周囲の人には、日頃からよく気がつき、話もうまいと褒められた。このように、私にも他の人とは違う長所や才能があったはずなのに、親はそれに気づかなかったようだ。だが、家計も苦しかったから、勉強以外の道は考えることもできなかっただろう。芸能や芸術、スポーツを学んだり、旅行やその他の趣味などを楽しむ余裕も私にはなかった。

このような幼年期を経た私に、梨花女子高校(イファ)への入学というチャンスが訪れた。ちょうど中学３年の頃に高校の学力標準化のために受験制度が変わり、抽選で手に入れた幸運だった。たまたま運がよかっただけなのに、父は大喜びした。人に会うたび「娘が名門の梨花女子高に入った」と自慢して回った。梨花女子高校入学をあんなに喜んでくれた父だったが、私が大学を卒業した年に持病で世を去った。もし父が生きていて、孫娘が３人とも世界の名門と言われるハーバード大学に合格したのを見たらどんな反応をしたのか、見なくても十分に想像がつく。だから、私はいつもその点を悔しく思う。父がなぜあれほど私の梨花女子高入学を喜んだのか、その本心をすべて知ることはできないが、どちらにせよ私の人生を変えるターニングポイントになったのは間違いない。

　第一に、梨花女子高の雰囲気は、それまで私が通ってきた学校とはまったく違っていた。最初はなぜ違うのかよくわからなかったが、あとでわかった決定的な違いは、自由があるということだ。勉強と生活苦で疲れていた私にとって、緑豊かな校庭はそれだけで癒しとなり、100年以上の歴史のなかで受け継がれてきた自由の精神は、今までとは違う世界を見る目を与えてくれた。その自由の根源は何かと考えてみると、キリスト教の精神に由来するものだった。

　入学当初、私はクリスチャンではなかった。教会は子ども時代にクリスマスのお菓子をもらいに行ったきりだった。梨花女子高では、学内のあらゆる文化的行事がキリスト教式で行われていたにもかかわら

---

＊　　1886年、朝鮮半島で最初の女性教育機関として創立。1910年には梨花学堂大学科（梨花女子大学の前身）が設立されたが、現在は同高校と同大学は直接の関係はない。

ず、私は抵抗なくそれを受け入れていた。そうやって心癒される毎日を学校で過ごしながら、家では感じることのできない心地よさと、自分のなかに隠れていた何かが現れてくるような感覚を味わった。だからといって、いきなり勉強ができる優等生になったり、リーダーシップを発揮してクラスを率いて先生たちに認められたりしたわけではない。依然として、おとなしく目立たない一生徒にすぎなかった。

## 私に与えられたチャンス

　高校2年生になり、担任の先生が学級委員を発表した。なんと、そこに私の名前も含まれていた。それまでの学校生活からは考えられないことが起きたのだ。それも「宣教委員」という役目だった。宣教委員とは、各クラスの礼拝の準備をし、校内のキリスト教に関する活動やイベントをクラスメートに知らせて先導するという役割だ。

　当時は「なぜ私にこんな役目を？」と疑問に思った。なぜなら、私はクリスチャンではなく、指導要録にも無宗教と書かれていたからだ。きっと先生が勘違いしたのだろう。そう思って教員室を訪ねた。しかし先生は何を考えたのか知らないが、絶対にできるとおっしゃった。私は教会にも通っていないと説明したが、先生は頑なだった。学級委員をやればリーダーシップも身につくし、いい機会だと言うのだ。リーダーシップを身につける機会という言葉は、私のなかの何かを刺激したようだった。

　案の定、宣教委員の仕事は楽ではなかった。事前に礼拝の資料をもらい、それを読んで理解してから礼拝に出るのは、教会とは縁のなかった私にとって、大きな挑戦だった。その上、一緒に宣教委員になっ

た子たちは学級礼拝に興味がなかった。他のクラスでは生徒たちの希望で、学級礼拝の代わりに自習などをしていた。うちのクラスの子たちも、自分たちもそうしようと私を説得しようとした。しかし、学校で公式的に決めたことに逆らうなど、あってはいけないことだった。結局、私は１年間、一度も欠かさず学級礼拝を行った。この生真面目さは、毎日欠かさずドリルで勉強させた父に似たのだろう。担任の先生がどうして資格のない私を宣教委員にしたのかは、今もわからない。でもその活動が、私のなかで眠っていた可能性を発見するスタートラインになったことは確かだ。

　高３になったとき、私の人生のもう１つの扉が開いた。忠実なクリスチャンだった担任の先生は、再び私を宣教委員に推薦した。２年生のときも頑張って活動していたから、そのまま続けろと言うのだ。先生は何度か学級礼拝にも参加して、生徒たちの信仰生活のことにもよく気を配っていた。時間とともに自然と進路のことを考えるようになった私に、先生は神学部を勧めてくれた。宣教委員として学級をまとめてきたのを見て、私には教える才能があると言って、キリスト教教育学科について説明してくれた。それまでは、誰１人として私に何かの才能があると言ってくれた人はいなかった。いや、私の才能を見つけてくれた人はいなかった。先生の提案のおかげで、ついに自分のなかの才能を見つけることができたのだ。

　私の才能の種を見つけてくれた人が高３の担任の先生ならば、水をやって育ててくれたのは学校の牧師さんだった。キリスト教系の学校だったため、毎月さまざまなキリスト教の文化行事を経験しながら、音楽や演劇を通じて人生の新たな側面を見ることができた。また、キ

リスト教のサークル活動でボランティアやコミュニティー活動も経験できた。これらの行事や文化を作り率いるのは、牧師さんと宗教学の先生だった。私は牧師さんと親しくなれるだけでもとてもうれしく、頼まれた仕事は些細(ささい)なことでも全力を尽くした。

　神学大学に入学すると、私のように高校生になってからキリスト教に入信した人はほとんどいなかった。どの学生も、親が牧師や長老だったり、幼い頃から長く信仰を持ってきた人たちだった。そのため、自分が異邦人のように感じることがしばしばあった。誰もが知っている賛美歌も私にはなじみがなく、聖書でさえ知らない部分があり、神学理論はなおさら理解が難しかった。他の学生たちがすでに身につけている基本的素養から学ばないといけなかったため、学業の成果はなかなか上がらなかった。それでもキリスト教教育という学問はとても興味深く、学んだことを自分なりに消化して、教育の仕事に情熱を持つようになった。そのうち『信仰と教育』という雑誌に寄稿したり、キリスト教教育学会で活動しながら講義をしたりするなど、少しずつ活動の幅を広げていった。そんなとき、夫と出会った。育った環境は違ったが、人生のビジョンは共通していた。夫は私の教育への情熱と学問の実践を理解し、支持してくれた。そうやって私たちは大学を卒業して同じ大学院に進学し、ともに勉強しながら結婚するに至った。その後、夫の留学に伴って私たち家族はアメリカに渡り、3人の子どもたちをそこで育てることとなった。

## 母として私が持っていた才能

　こうして自分を振り返ってみると、極めて平凡で、ヘミンのカウン

セラーから「すばらしいお母さん」と褒められるような部分はないように見える。周りを見れば、専門職に就きながら子育てするお母さんたちもいる。さらに尊敬できるのは、子どもを学校にやらずに家で勉強させる、ホームスクーリングをしているお母さんだ。このようなお母さんたちに比べれば、私はまだ不十分だ。牧師として働く夫をサポートし、多くの時間を教会と信徒のために費やした。経済的にも余裕はなかったため、子どもたちに必要なものを十分に買ってあげたこともない。しかし、私には別の何かがあった。そのおかげで、娘たちは世界に善き影響を与えるような、意味のある人生を生きられるような人に成長したのだと思う。

　ごく平凡で、特別な点など1つもない私だが、母として、教育者として持っていた才能は、「子どものなかに隠された宝物を発見すること」だった。

　この才能はどこから来たのか。これまでの人生で、大なり小なり、私に大きな影響を与え、私の才能を育ててくれた人たちがいる。それは私の父、担任の先生、教授、牧師さん、そして夫である。平凡でつまらない存在だった私は、自分のなかにある才能を呼び覚ましてくれた人たちとの出会いのおかげで、今日の私になれたのだ。

　子どもにとって母親という存在は、誰よりも先に、誰よりも多くの才能を見つけ、育ててくれた人だ。母親こそ、この世で最初に出会う保護者であり、教師であり、メンターだからだ。

　母親に対する定義は人それぞれだろうが、私が考える母親は、子どものなかの潜在能力や才能を発見し、呼び覚ます人だ。

子どもの才能を発見することは、母親ならば誰でもできる。知識の多少や暮らす環境の違いにかかわらず、母親ならばわが子を観察して理解しながら、才能を見つけることができる。私のような平凡な母親だってできたのだから。しかし、それよりも私が自分でもよくやったと思えるのは、わが子の才能に早く気づいて、それを子どもの教育につなげて実行したことだ。小さな種を見ても、見過ごしてしまうことは多い。しかし、私は小さな種を見ると、心が浮き立ってしまう。それが育って、立派に成長した結果が目に浮かぶからだ。想像するだけでも楽しく、うれしくなってくる。このように、すべての子どもは小さな種のような、目立たない存在だ。そんな種を見ながら、巨大な木が茂ったすばらしい未来を想像することは、私が身につけた教育的見識であり、観察力だ。考えてみると、一粒のからし種が成長し、木になり、空の鳥が来て枝に巣を作るという聖書の一節が、私の心に染み込み、知らず知らずのうちにこうした観点で子どもを見るようになったようだ。早くに子どもの可能性を発見し、本人にそれを気づかせるよう手助けする親がいれば、子どもはきっと明るい未来を見せてくれることだろう。

# 三姉妹の紹介

### 長女　ヘミン

韓国で生まれ、5歳のときに両親と渡米。人前に立つことを恐れない性格で、スピーチが得意。高校時代は高校の自治会の会長として活躍。三姉妹が進む道を切り開く、責任感に満ちた時間管理の達人。

### 次女　ヘウン

三姉妹のうちもっとも感受性豊かで、独創的な子。文章を書くことが大好きで、高校時代は新聞部の編集長を務め上げた。語学にも長け、スペイン語が堪能。家で一番のバイオリンの名手。

### 三女　ヘソン

三姉妹唯一の理系で、中学1年生のときからコーディングを勉強。また、生き物も大好きで、馬牧場で7年間、1000時間以上のボランティアをして育った。カリグラフィーが得意。

三人の娘をハーバードに合格させた
子どもが自ら学びだす育て方 もくじ

プロローグ ……003
三姉妹の紹介 ……014

## Part 1 子どものなかに眠っている巨人を目覚めさせろ
：親の態度

01　発見する人：子どもの才能を見つける ……022
02　観察する人：子どもの特性を把握し、成長の速度を尊重する ……034
03　観測する人：一歩先立つ努力が子どもの機会を開く ……062
04　確認する人：子どもの現在の状態を客観的に把握する ……071
05　応援する人：親の絶対的な支持が、肯定的な自我を作る ……083
06　解説する人：子どもの夢を一緒に設計し、具体化させる ……088
07　幸せを与える人：子どもが幸せになる瞬間をキャッチしよう ……092

## Part 2 子どもの人生の地図を一緒に描こう：幼児期（4歳〜7歳）

- 01 子どもからのサインに注意深く反応しよう……098
- 02 子どもに自分だけの美しさに気づかせよう……103
- 03 嘘の代償の大きさを教えよう……107
- 04 いくら大きな自由にも、柵は必ず必要なものだ……110
- 05 娘3人にお菓子を2つだけ買った理由……113
- 06 ルーツとアイデンティティがしっかりした子は揺らがない……117

## Part 3 今日の選択が10年後の未来を変える：小学生の時期

- 01 遊びながら自分で勉強するようになる最高の方法……122
- 02 子どものアイデンティティを確立させるための週末活用法……129
- 03 就学前に英語を教えなかった理由……139
- 04 人種のるつぼ、アメリカに溶け込む方法……145
- 05 子どもとの駆け引き、これだけは守ろう……148
- 06 父親と母親は常に「ワンチーム」であるべし……153
- 07 テレビ、ゲーム、スマホはいつから、どこまで許容すべきか……156

## Part 4　可能性と潜在能力を倍増させる
：中学生の時期

- 01　スマホをあきらめる代わりに得られた大切なもの …… 162
- 02　同一性と多様性、どちらも経験すべきだ …… 168
- 03　思春期という峠を賢く乗り越えるには …… 172
- 04　子どもの情熱と夢を持続させる5つの方法 …… 176
- 05　勉強しか知らない井の中の蛙にしてはならない …… 183
- 06　存分に創造する自由な子に育てよ …… 187
- 07　親子ともども満足できる長期休暇の秘密 …… 191

## Part 5　世界を変えて導くリーダーを育てよ
：高校生の時期

- 01　長女ヘミンの話：自ら道を切り開いた子 …… 198
- 02　次女ヘウンの話：作文が大好きなユニークな子 …… 213
- 03　末っ子ヘソンの話：言葉より先に行動する子 …… 230

# Part 6 人生の新たな章を開く
## ：娘3人が経験したハーバードの話

- 01 大学進学を通じて親子が学んだこと ……248
- 02 ハーバードが最高の大学と呼ばれるわけ ……253
- 03 ハーバードを卒業したヘミンとヘウンが選んだ道 ……265

エピローグ ……269

カバーデザイン／西垂水敦・内田裕乃（krran）
イラストレーション／かわいみな
本文デザイン／荒井雅美
DTP／マーリンクレイン
翻訳協力／リベル・徐有羅

一家の近影。左から母（著者）、父、次女のヘウン、長女のヘミン、三女のヘソン。

Part **1**

# 子どものなかに眠っている巨人を目覚めさせろ

: 親の態度

## 01

# 発見する人：
# 子どもの才能を見つける

### 経験の量を増やしてあげよう

　子どもの才能を最初に見つけるのは親だ。親は子どもが生まれて初めて出会う人間であり、子どもと最も多くの時間を過ごし、一番多く触れ合う存在でもある。親子のあいだで数え切れないほどのやりとりをしながら、子どもは成長していく。子どもが2人以上いる親ならわかるだろうが、1人目よりも、2人目、3人目を育てるとき、子どもを理解するのにかかる時間は大幅に短くなる。私自身、3人の子を育てるなかで、自分なりに子どもを理解する方法を身につけていった。

　例えば子どもにさまざまな刺激を与え、その反応を通して子どもを理解していった。子どもと一緒にいるあいだはいっときも目を離さないように努め、子どもの五感を刺激する方法を絶え間なく考えた。大変ではあったが、このような努力は子どもの発達面にとてもいい影響を与えたと思う。親が与える刺激により、子どもの経験の範囲が広がるからだ。これをコンピューターにたとえるならば、「保存容量を増や

すこと」と言えるだろう。**保存容量が小さいコンピューターは、それが一杯になるとそれ以上ファイルを保存できなくなる。だから、子どもの容量が小さいうちにあまりに多くのことを詰め込もうとすると、逆効果になってしまう。幼い頃は容量を増やすことに集中するべきだ。

そのためには、さまざまな方法で五感を活用し、親子のコミュニケーションをとりながら経験を積めるように心がけよう。外からの刺激が多ければ多いほど、子どもの可能性や創造性を見つけやすくなる。この過程で、子どもが何に興味や関心を持つのかを注意深く観察しよう。

## 才能を刺激する

長女のヘミンを妊娠したときは、つわりもなく食欲も旺盛だった。そのためか、ヘミンは生まれつきよく食べるほうで、すべてにおいて情熱的だった。遺伝の影響でアレルギー疾患はあったが、総じて健康で体力もあった。ヘミンが昼寝をしたら一息ついて休もうと思っても、一向に昼寝をしてくれなかった。だからといって、疲れたとぐずることもなかった。ただ、いっときもじっとせずに、何でも私と一緒に行動したがった。ところが、このように意欲あふれる子どもを相手にするには、私は体力不足で、食事の準備ができなかったり、洗濯や掃除が行き届かなかったりしていた。それでも私は、ヘミンとの交流を優先した。

ヘミンはなかでも、本の読み聞かせが一番好きだった。18カ月になったある日、どれほど長く本に集中できるか試してみようと、お昼

を食べて午後２時から本を読み始めた。すると、午後６時になっても飽きそうにない。そこで、明日また読んであげると言って途中で終わらせるしかなかった。まだ１歳の幼い子が、４時間も集中していたのだ。そんなヘミンの学習への情熱を知ってからは、家が散らかるのもかまわず、あちこちに本を置いておき、いつでも読めるようにした。外出時も必ず本を持ち歩き、図書館にも頻繁に足を運んだ。

　またヘミンは、幼い頃からおもちゃで遊ぶよりも人と付き合うほうが好きで、自分の考えをはっきりと言うほうだった。だから、ヘミンにとっていつも一緒にいる私が、一番お気に入りのおもちゃのようなものだった。常に好奇心を持って私のあとをついて回り、何でもかんでも質問し、私の答えにじっと最後まで耳を傾けた。家を訪ねてきたお客や、教会で出会う大人たちにも、はにかむことなく近づいた。私が親としてすべきことは、人間関係がうまくいくように礼儀作法を教え、相手を理解し、人に愛される子にしてやることだった。

　ヘミンは欧米人の多い公立学校でマイノリティーとして学んだが、しっかり適応して友達を作り、リーダーシップも備えていった。今思うと、おしゃべりな私がまだ言葉もできない子どもに絶えず話しかけ、刺激を与えていたため、自然にそういう能力が開発されたのだと思う。

## 自信を植えつける

　アメリカでは、人前で自分の意見を述べるスピーチ能力を高く評価する。幼い頃から自然とスピーチの実力を蓄えてきたヘミンは、中学

校の卒業式で卒業生代表のスピーチを任された。アメリカで卒業のスピーチをするのは、大変に名誉なことだ。卒業式が終わる頃、ヘミンが誰かとしばらく言葉を交わしている姿を見た。あとで聞くと、近隣の高校のディベート部の顧問だという。彼は自分の学校に進学し一緒に活動してほしいという「オファー」をしていたのだ。ヘミンはその学校には進学しなかったが、この頃からスピーチ能力を評価されるようになった。

　ヘミンは高校に進学すると、すぐにディベート部に入った。その学校のディベート部は、受賞歴がそれほど飛び抜けていたわけではないし、顧問もそう熱心ではなかった。そのうち地域のディベート大会に参加する機会ができたが、会場に到着してみると、ディベート部の部員たちや先生の姿が見当たらない。大会の開始時間ギリギリになって、やっと3年生の部長が到着した。その子はヘミンにこうアドバイスした。「今日が初めての大会だから、経験だと思って」。つまり、うまくできなくても大丈夫だから、ショックを受けるな、という意味だった。しかし私は、勇気を出せばうまくやれるとヘミンを励ました。
　生まれて初めて出場したディベート大会を終え、ヘミンは大きなトロフィーを手に会場から出てきた。3年生の先輩が新入生にしたアドバイスをひっくり返し、初の挑戦で大きな喜びを手に入れたのだ。実はこの成果の裏には、幼い頃から培ってきた大胆さや自信、情熱や興味を絶やさないエネルギー、表現力や論理的思考など、この大会に必要な能力があった。

## 才能に情熱の火をつける

　三女のヘソンは小学3年生のとき、担任の先生の推薦で、カリフォルニアの教育振興院主催のアワードプログラムに応募したことがある。そのとき書いて出した作文のタイトルは、「私が夢中になるほど大好きなもの」だった。ヘソンはこの作文で、「自分は動物に夢中で、動物への興味や情熱は毎日の生活のとても大切な一部だ」と書いた。ヘソンは幼い頃から重い動物図鑑を開き、新しい知識を見つけては勉強することが大好きだった。ただ本を読むだけでなく、自分で「今週の動物」というテーマを決めて、その動物について深く調べたりもした。最初は獣医になることが夢だったが、最近は動物学者になりたいと言っている。「アメリカ動物虐待防止協会」という団体で働きながら、未知の動物を研究して世界に発表したいそうだ。ヘソンの作文を読み返すと、動物への情熱が彼女の人生に大きな影響を与えたことがよくわかる。

　では、子どもが見せる情熱について、母親は何をすべきだろうか。子どもの成長過程でその情熱が冷めないように手助けをし、理解してあげることが母親の役目だと言える。もちろん、子どもが10歳のときに動物への関心が高かったからといって、将来必ずしも動物学者になるわけではない。子どもの夢は育つうちに変わることもあり、成長するなかで接した情報や知識によって違う道を選択することもある。だが、その過程で手に入れた情熱だけは冷めないように守り、抱き続けるようにしてあげよう。つまり、情熱が与えてくれる興味や喜びを子どもが失くさないように援助すべきだということだ。

ヘソンは姉たちよりも科学的に思考することを好んだ。高校に入学すると、夏休みのあいだに大学や病院でインターンをやりたがった。アメリカでインターン活動をするのはかなり難しいため、親や知人を通して受け入れ先を探すのが一般的だ。ところが、私のように親が移民の場合、アメリカでの人脈が広くないため手助けするのは難しい。アメリカ国内に知り合いがいたとしても、高校生が参加できるインターンの枠は多くはない。

　ヘソンはこのような困難にもかかわらず、情熱と関心を誠心誠意尽くして、近隣の大学や病院の研究者たちに50件以上のメールを送った。するとUCLAで心臓の研究をしている教授から返信が来た。メールに添付された履歴書をじっくり読んだ教授は、ヘソンにぴったりの仕事があると言って、面接に来るよう連絡してきたのだ。その研究室で高校生のインターンは、ヘソンが初めてのケースだったという。ヘソンがインターンを終えて高校に戻ると、その抜けた穴を埋めるために人を雇ったそうだ。それだけヘソンが期待以上の役割を果たしたということだ。高校生ではなかなか得られない貴重な経験をしたことになる。

## 自由を味わわせる

　娘が3人ともハーバードに入学すると、あちこちから関心と質問が降り注いだ。母親である私だけでなく、子どもたちも周囲から多くの質問を受けた。その後、親子でこんな会話をした。

　「ママ、みんながママのことを誤解してるみたいで悲しいよ」

「何て言われたの？」
「ママが家でスパルタ式教育をして、厳しく叱りつけたおかげで成績が上がったんだって。もっと腹が立ったのは、学校の友達が勝手にママのことを判断して、『そんなに勉強ばかりさせるお母さんと一緒だと息が詰まりそう』って言うんだよ！」

娘たちはこんなことを言われるたび、堂々とこう反論したそうだ。
「だから、私はみんなに言ったんだ。ママから一度も『宿題しろ』とか『勉強しろ』とか『なんでこんな成績なの？ 学年で一番になりなさい』とか言われたことがない、親から言われたから勉強したんじゃないよって」

子どもが3人ともハーバードに合格したのは、親が勉強を無理強いしたからだと思われても不思議ではない。でも、私には子どもにつきっきりで世話をして、勉強に関心を持たせるほどの時間的・経済的余裕はなかった。移民で、しかも教会の仕事をしていたため、家よりも教会にいる時間のほうが長かった。こんな日々を送っていたのに、子どもたちが自分から勉強するようになったのはなぜだろうか。それはまさに、勉強する理由を親に言われて見つけたのではなく、自分で見つけたからだ。このような自立心が身についたのは、幼いときから自由を経験してきたことによる。好きなことを自由に、思う存分やってみるなかで、自分の隠れた才能を見つけ達成感を抱きながら、常にチャレンジする姿勢が自然と備わったのだ。子どもが自分の才能を見つけるためには、必ず見知らぬ世界を探検する自由を与えるべきだ。こうした機会を与えれば、失敗することもある。だが、過保護に育った子どもには、創造性や冒険心は期待できない。

幼い子どもほど、好奇心や冒険心が旺盛だ。世界を心ゆくまで探検する自由が与えられた子どもは、何かをやってみようという意欲が湧く。そのような環境で成長する子は自分の才能を発見し、創造性が発達する。そのため子どもを抑圧せず、自由な家庭環境で育てることが非常に重要なのだ。

　３人の娘のうち自立心が一番旺盛なのは次女のヘウンで、幼い頃から何でも自分でやるのが好きだった。自分１人で想像をめぐらせ、個性的なものを作ったり絵を描いたりすることに興味を示したものだ。
　うちの家族がアメリカに到着したとき、長女は５歳、次女はやっと２歳になった頃で、三女はまだ生まれていなかった。当時、私たちは夫の留学先の学校にほど近い市民アパートに入居した。低所得者向けの公営住宅だったが、２階建てでベッドルームが３つもあった。学業のためアメリカに８カ月先に到着していた夫は、学校の援助を受けて子ども部屋をきれいにしつらえていた。ベッドや机、椅子を置き、あちこちからおもちゃまでもらってきて飾ってあったのだ。子どもたちに自分の部屋を持たせられるのだと思うと、とてもわくわくした。渡米前に夫の実家で暮らしていたときは、家族全員が一部屋で暮らしていたからだ。

　その日の夜から、子どもたちは自分のベッドで１人で寝ることになった。長女はきっと、自分の部屋ができて大喜びだろう。しかし、次女は親からうまく離れて寝てくれるだろうか。私はそう心配していた。ところが就寝時間から２時間ほど経った頃、部屋のドアを開けて入ってきたのは次女のヘウンではなく長女のヘミンだった。怖くて１

人で寝られないと言って泣いていた。だが、不思議なことに幼いヘウンは、初日からぐっすり寝ていた。次の日も、また次の日もよく寝て、ベッドルームの独立にすんなりと成功した。むしろヘミンのほうが独立に時間がかかった。この経験から、親離れのスピードも子どもによっていろいろだという事実を知った。私はそんな子どもの個性を尊重しながら、一歩引いた場所で見守るようにした。やりたいことが何でもできる自由のなかでこそ、無限の創造が広がっていくのだ。

## 自由は新たな創造を呼ぶ

　このように独立心旺盛だったヘウンは、小学1年生のときから徐々に英語に慣れ始め、文を書く面白さを知り始めた。ヘウンが初めて書いた文章のタイトルは「友達（Friends）」だった。自分で描いた絵を交えた10ページほどの小さな本だ。私はこの本を今も宝石のように大切にしまってある。これの何がそんなにすごいのか、と思う人もいるかもしれない。確かにそうだ。多分、他の子のレベルよりちょっと上くらいのものだろう。でも、この小さな本を作り上げたヘウンを、私たち家族は「わが家で一番のストーリーテラー」と名付けてやった。

　何かを創造することが好きだったヘウンは、少しずつ独特な個性を育てていった。好きな本を探しては1人で読み、しばしば文章を書いた。私たち夫婦はそんなヘウンを常に応援した。家族のなかでヘウンほど文章が上手な子はいないと、褒めに褒めた。文を書くには忍耐と根気が必要だ。机の前に長時間座って、考えては書き、また考えては書き……、という具合に、かなりの労力を要するからだ。文才とは、そうした忍耐と練習の結果なのだ。ヘウンがこの過程を最後までやり

遂げられたのは、文を書く喜びと自由を感じていたからだろう。ヘウンが幼いうちにこうした創造の喜びを知ってくれたことは、とてもうれしくありがたいことだ。

　ヘウンが高校生のとき、韓国人がやっている美容院にカットしに行ったら、美容師からこんな話を聞いたという。先日来店した高校生がショートカットにしてほしいと言うので、最近はこういう短いヘアスタイルが流行っているのかと聞いたところ、ヘウンという子がショートにしたから、自分もその髪型にしたくなったと答えたというのだ。実はヘウンには言わなかったが、私が見るに、ヘウンの髪型は何だか野暮ったくて、かわいく見えなかった。私の考えでは、思春期の少女に似合うのはさらさらのロングヘアだ。だから、ヘウンは何を考えてショートにしたのかと思った。ヘウンの短い髪を見た学校の友達の反応は、「かわいい」と「長いほうがいい」の両者にはっきり分かれたが、かわいいと言っていた子たちは、実は自分もやってみたかったけれど、これで勇気が湧いたそうだ。

　実はヘウンが髪を切ったのには、それなりの理由があった。髪が長いと、朝起きて準備をするとき、かなり時間がかかるし、特に髪を伸ばしている必要もないと考えたからだ。外見を気にして、精いっぱいおしゃれをする年頃なのに、彼女には髪を切る、はっきりした理由があったのだ。アメリカでは高校２年生のときが一番忙しく、ヘウンも多忙な毎日を送っていた。ただ、他の子たちと少し違ったのは、主に文を書くため忙しくしていた点だ。

　当時ヘウンは、授業のたびに出されるエッセイの課題をこなすだけ

でも忙しいのに、いくつかのエッセイコンクールの準備や、発行部数3500部の学校新聞の編集長、作文の授業の手伝い、NPOのニュースレター編集委員、地方紙のインターン記者と韓国系新聞『米州中央日報』の学生記者としても活動しつつ、定期的に寄稿もしていた。こんな調子で、毎日何時間も文章を書くことに追われ、外見に気を使う時間もなかった。そんなわけで、髪が短いと朝の準備がたった10分で終わるので楽だし、思いがけず多くの人がよい反応を示してくれたと言って喜んでいた。私はそんなヘウンの自由さを見て、他人の視線にこだわらない精神が、新しいものを生み出すきっかけになるのだと思った。そんなヘウンがあちこちに書いた文章を、大切に集めて保存するのが私の日課となった。

ヘウンはハーバードに入学してからも旺盛に執筆活動を続け、ライティングの授業も受講して、この分野で有名な教授とも親しくなることができた。また、友達を集めて定期的にワークショップを開き、お互いに書いた文章を読んで批評しあった。ワークショップにはたまに教授も招いて、助言をもらうこともあった。ヘウンは社会学が専攻だったが、このように授業だけでなく日常の場でも文章を学び続け、ハーバードを卒業する頃には短編小説を書き上げ、英文学科から賞までもらったのだ。私はその知らせを聞いて、ヘウンが書いた最初の本「友達」のことを思い出した。娘が幼い頃に示した才能が開花し、こうして実りをもたらしたことがうれしくてたまらなかった。

このように、**母親は子どもの才能の発見者であり、その才能を育てる助力者にもなる。**ダイヤモンドの原石である子どもには、誰かの助けなしに自分の才能を発見し、その能力を育てていくことはかなり難

032

しい。近くにいて発見してくれる人が必要なのだ。

　1つ忘れていけないのは、どんな小さな才能でも見過ごしてはならないということだ。どんな才能でも、子どもの成長の糧となる。親がその才能に満足できないからとか気に入らないからといって、無視したり偏見を持ったりしてはならない。子どもは自分の才能を生かすとき、一番幸せになれるからだ。すべては子どもの幸せが第一だということを、しっかり覚えておこう。

## 02

# 観察する人：
# 子どもの特性を把握し、
# 成長の速度を尊重する

## 絶対的な愛が子どもを賢くする

　親は子どもの才能の発見者であると同時に、観察者であるべきだ。わが子を世界の誰よりも大切にし、一番に考えるのが母親の気持ちだ。わが子への愛は絶対的なものでなくてはならず、どんなときでも変わってはならないものだ。

　母親なら誰でも、幼いわが子を見て日に何度も感心するだろう。寝ているだけだった子どもが、寝返りを打ったり、声を出すようになったりするだけでも感嘆する。「うちの子、もしかして天才かも？」と思ったことのない母親は、多分いないだろう。子どもが成長するにつれて見せてくれる才能に、母親は驚きを隠せない。私もそんな平凡な母親だった。

　まだ韓国にいたとき、従軍牧師に任官した夫の最初の勤務地は江原道(カンウォンド)の華川(ファチョン)だった。そこの軍教会は一般の教会と同じく、家族たちのための小さな集まりが運営されており、週に一度集まって礼拝をし

た。長女のヘミンが9カ月くらいのとき、礼拝後に雑談を交わしていると、驚くべきことが起こった。少し前からよちよち歩きができるようになったヘミンが、家にあったものを指さし、「これ何？」と言ったのだ！　もし私1人が聞いていたのなら、誰も信じてくれなかっただろう。でも、その場にいた全員がそれを耳にしていたから、嘘ではない。私はびっくりして、何も言えずにいた。すると、一緒にいた人たちが口々に、「ヘミンは天才かもしれない！」「英才テストを受けさせてみたら？」と、新米ママの私に言ってくれた。

心理学の用語に「ローゼンタール効果」というものがある。人から関心を向けられるとよい結果を得られるという、ハーバード大学のロバート・ローゼンタール教授が提唱した理論で、「ピグマリオン効果」とも言われる。ローゼンタール教授はサンフランシスコのある小学校で、全校生徒を対象に知能検査を実施したあと、各クラスから無作為に20％の生徒を選抜した。その後、そのリストを教師たちに渡し、この子どもたちの知能が高いと伝えた。それから8カ月後に再び知能検査を実施したところ、驚くべきことにリストに入っていた子どもたちの平均点が他の子どもたちよりも高かったのだ。教育者の賞賛や励まし、期待が子どもに肯定的影響を与えることを裏付けるものだ。この結果は逆に、教育者からの否定的な視線やメッセージは子どもにネガティブな影響を与える可能性があることを暗示してもいる。子どもの才能の発見者であり教育者である母親も、これと同じ影響を与えることができるのだ。

## 自己肯定感を持たせる

　ヘミンが発した最初の言葉から始まった私の全面的なサポートは、ヘミンに対してだけでなく、私にもポジティブな影響を与えた。私の望んだ通り、ヘミンは賢く育ち、人からも賞賛や期待を受けるようになった。ヘミンはアメリカに行ってから、さらに賢さを発揮した。英才テストを受けるように勧められて実際に受けたが、必ずしもテストが必要なわけではない。わが子が可能性に満ちていることを、母親として信じてあげることで十分だからだ。こんな私の思いがうまく伝わったのか、ヘミンは期待以上の姿を見せてくれた。

　アメリカの公立学校では、英才児を選別するシステムが備えられていた。テストの結果、ヘミンの成績は上位1〜3％に入ることがわかり、親が望むなら英才クラスのある学校に転校もできることになった。英才クラスのある学校は、英才児のための特別教育を実施している。ヘミンは4、5年生をケンタッキー州の公立学校の英才クラスで勉強することになったが、夫の転勤に伴いカリフォルニア州に引っ越した。アメリカの教育制度は州ごとに違うため、カリフォルニアではいろいろと新しいことがあった。

　引っ越ししてからのある日のこと、学校から帰ってきたヘミンの表情が暗かった。どうしたのかと聞くと、授業が全部習った内容ばかりでつまらないのだと言う。かわいそうなので、学校のカウンセラーに事情を話したが、もう少し様子を見ようという答えだけが返ってきた。おそらく、私と同じような状況にある、特にアジア人の母親たちからの問い合わせが多かったのではないだろうか。そうして心配しな

から数カ月が経ったある日、ヘミンが1人だけテストを受けてきたと言う。聞くと学習検査の1つで、一種の知能検査だった。のちに知ったのだが、カリフォルニアはケンタッキーとは違い、英才児を「ギフテッド（Gifted）」と「ハイリーギフテッド（Highly Gifted）」の2つのレベルに分けていた。ギフテッドはテストで上位0.2〜4％に属する子どもたちであり、ハイリーギフテッドは上位0.1％に属する子どもたちだ。

公立学校では、英才選別対象ではない学年の子どもにテストをさせる場合、心理カウンセラーを派遣してもらう必要があるため、特別な能力が見出せない限り、先生は教育当局にテスト実施を求めることはない。にもかかわらず、ヘミンがこの検査を受けられたのは、先生たちが数カ月にわたりヘミンを観察した結果、ハイリーギフテッドに該当すると判断したからだ。案の定、ヘミンはテストで上位0.3％に該当する成績を上げた。先生の予想には少し及ばなかったが、天才と呼ばれるにふさわしいことをやり遂げ、今もすばらしい業績をあげつつある。

ある教育学者によれば、子どもは白紙の状態で生まれるという。だから==白紙である子どもの脳は、親の教育次第でどうにでも変わるそうだ。==また別の教育学者は、子どもは白紙状態ではなく、遺伝的に特定の気質を持って生まれるともいう。この2つの主張のどちらが正しいかはともかく、==親が子どもにとって「肯定的自己像」を作り上げる存在であることは明らかだ。「あなたは特別な子だよ」「ママはあなたのことが大好き」「みんなもあなたを好きになるはず」「頑張れば何でもできるよ」といった言葉を、子どもの心の底に届かせるのだ。==そう

やって親からの肯定的メッセージを、子どもに絶え間なく伝えてあげよう。ローゼンタール効果を知らなくても、日常的に肯定的な言葉を聞いて育った子どもが高い自己肯定感を持った人に育つ事実はよく知られていることだ。

　子どもに健康な自己イメージを持たせるには、存在するだけで愛されるという考えを植えつけてあげることだ。誰と比べることもなく、その子が存在すること自体が無条件に幸せなのだと親が考えていれば、子どもは自分自身を健康に受け入れることができるのだ。

## 子どもの特性を把握する

　観察者のもう１つの意味は、子どもの固有の姿を「才能」として認めることだ。そして、その才能が何であれ、誰がなんと言おうと揺らぎのない確信を持って守ってあげることだ。「うちの子は気が弱すぎる」とか「活発過ぎて乱暴かも」と心配することもあるだろう。また、欲がなく他のきょうだいに何でも譲る場合もあり、逆に自分の欲求を優先させて下の子をいじめる場合もある。他人から後ろ指をさされたり、のけ者にされることもあるかもしれない。だが、どんな子であっても、そのなかに隠された可能性を見つけてあげることが、観察者としての親の役目だ。生まれもった感性や性格をありのまま認めて、肯定的な花を咲かせることだ。

　三女のヘソンが９歳のとき、学級発表会があった。末っ子の発表が見られると思うと、私はウキウキした気分を抑えることができなかった。ヘソンのクラスの出し物はお芝居だった。わが子の登場を今か今かと待ちくたびれた頃、ついにヘソンの出番が来た。ところが、ヘソンは客席に顔も向けず、モジモジしながらセリフを棒読みするばかり

だ。正直、それを見てがっかりしてしまった。期待していた末っ子の舞台だったのに、生き生きした姿が見られず、どんなに残念だったことか。

というのも、10歳年長の長女のヘミンは、学校でお芝居をすればいつも主人公で、舞台でもアガることがなかったからだ。しかも、相手役のセリフまで覚えて、友達がセリフを忘れると教えてあげるほどだった。このように、ヘミンは常に積極的で、多くの人の前でも物怖じすることのない性格だった。次女のヘウンも長女に負けず、舞台に立つことを恐れず楽しんでいた。ときにはわが子が目立ちすぎて、他の子の存在がかすんでしまうのではないかと心配して、少し控えるようにアドバイスしたことさえある。そのため、ヘソンの消極的でシャイな姿はまったく意外だった。家では物怖じすることなく、活発におしゃべりしていたので、そんな姿は想像もできなかったからだ。この発表会を契機に、ヘソンは姉たちとは違って内向的で、口数が少なく、人前に出ることを好まないという一面を知ることになった。

## 間違っているんじゃない、少し違うだけ

そんなヘソンも小学校を卒業し、姉たちが通った中学校に入学した。この数年のあいだに、学校では多くの変化があった。まず、生徒たちの人種構成が大きく変わった。学区内には中南米から移住してきたヒスパニック人口が増え、一般クラスの大半はヒスパニックの子どもたちになった。ギフテッドのクラスは人種構成がもう少し多様だったが、それでもヒスパニックが一番の多数派だった。小学校とは環境が大きく変わり、内向的なヘソンがうまく適応できず、友達ができな

かったらどうしようと心配したが、幸いにも姉たちのことを覚えていた先生たちがヘソンを温かく迎えてくれたと聞いて、感謝してもしきれなかった。

　ヘソンを待ち構えていた大きな壁は、もう1つあった。それは選択科目を決めることだった。選択できる科目はオーケストラ、バンド、リーダーシップ、演劇など多様で、どの授業を受けるか悩んでいたヘソンに、私はリーダーシップの授業を勧めた。先頭に立つことを避けていたヘソンに、チャレンジしてほしかったのだ。実際、ヘソンにとっても他の選択はなかった。音楽の科目だと後々公演をしなければならないし、演劇は言うまでもないので、私の提案を断る理由を見つけられなかったのだ。とにかくいったんやってみて、無理そうなら他の科目に変えたらいいと言って、私はヘソンの背中を押した。

　リーダーシップの授業の初日、下校時間に合わせて迎えに行くと、ヘソンが明るい表情で学校を出てきた。そして車に乗り込むや否や、とても楽しかったと言って話し始めた。
　「今日のリーダーシップの授業、何したと思う？　売店でお菓子を売ったの！　お菓子を渡したり、おつりを出したり、とっても楽しかった！」
　クラスメートたちと一緒に、校内の売店の仕事をやったようだ。あの性格で大丈夫だろうかと内心で心配していたが、意外だった。その日以来、選択科目を変えたいという話はまったく出ず、むしろ中学の3年間で一番張り切って参加した授業になった。リーダーシップの授業は、生徒会の活動も兼ねていた。学校で行われるすべての自治行事を司り、さまざまな問題を処理していく。学校行事のプログラム作り

から細かい雑務まで、すべて生徒たちが自主的に行っている。今思えば、これはヘソンにぴったりの仕事だった。ヘソンはあまりおしゃべりせず、黙って行動する子だったためだ。ヘソンは家でも、誰かが手助けを求めると一番に飛んできた。何でも真っ先に行動し、誰に何が必要なのかをいち早く把握した。

　ヘソンはリーダーシップについて、人前でうまく話したり多くの人を説得したりする能力のことだと思っていたと言う。だから自信が持てなかったのだ。そんなとき、授業初日の売店での体験のおかげで、これがリーダーシップだと言うなら、自分でも十分にできると思い直した。そうしてヘソンは、人に仕え、手を貸してあげるというリーダーシップのもう1つの側面を発見することができたのだ。

　ヘソンはこうしてボランティア活動に打ち込むことになった。その日の仕事が残っていると、放課後も残ってすべて終わらせてから帰宅し、友達がやり残したことまで文句も言わずに自分1人で終わらせた。困難に突き当たっても楽しんで活動していたヘソンは、次第に友達から信頼を得て、先生にとってもなくてはならない存在となった。受け持つ仕事が増えるにつれ責任も重くなり、中学2年生のときには生徒会長に立候補し、壇上で胸を張って演説するまでになった。

　友達と先生の応援のおかげで、ヘソンは生徒会長に当選した。そして学校行事を企画、進行し、最後までまとめ上げて楽しい1年を過ごした。その間、ヘソンは大きく成長した。もし観察者である私が、ヘソンを姉たちと比べてリーダーシップがないと即断したり、なぜ姉たちのようにできないのかとせきたてたりしていたら、これほどすばら

しい実りを目にすることはできなかっただろう。

## 子どものペースを尊重する

　親は観察者として、子どもだけの発達速度を理解し、認めてあげなければいけない。子どもごとの違いを理解し、1人ひとりを新たな目で見るということだ。子どもを2人以上育てたことのある母親なら、子どもによってペースが違うということがわかるだろう。教育においては、子どものペースをそのまま受け入れてあげる姿勢が必要だ。うちの子どもたちも、幼い頃に読み聞かせをしてあげると3人とも違う反応を見せた。長女のヘミンは耳をすませ、全体的なストーリーを素早く理解したし、多様な本を多く読んでほしがった。自分で本を読める年齢になっても、それは同じだった。三女のヘソンも長女と同じく理解が早かったが、好きなジャンルが違った。この2人と大きく違う姿を見せたのは次女のヘウンだった。ヘウンはゆっくり読むのが好きで、ストーリーに沿って読むというより、細かな部分に気を配っていた。そして、同じ本を繰り返し何度も読むことを好んだ。読むスピードは遅かったが、そうするうちに自然と内容全体を完璧に理解し、記憶した。2つのうちどちらの方式がいいかを決めることはできない。ただ、速度と理解の順序が違っているだけだ。速く読んで全体の概念を習得することと、ゆっくりでも内容を漏らさず完全に理解すること、どちらにも長所と短所がある。

　子どもたちが成長すると、ペースの違いから対立することもあった。ある日、近所のおばあちゃん先生からピアノを習うことになった。一緒にレッスンを受けると、ヘミンは楽譜を読むのが速く、すぐに覚

えるのでよく褒められたが、ヘウンは特に褒められることも叱られることもなかった。最初は私もあまり深く考えず、ヘウンが長女であるヘミンより4歳年下だから、大きくなればうまくなるだろうと思っていた。

　しかしある日から、ヘウンが自分から練習をするようになった。ただ、練習するのはいいが、練習の途中でかんしゃくを起こすのには困った。やりたくなければあとでやれば、と言っても、怒りながらも頑として練習をやめなかった。その傾向がだんだんひどくなるので、ヘウンの話をよく聞いてみることにした。すると、ピアノが好きだからではなく、お姉ちゃんよりできないのが悔しいから練習をしていたのだと言う。先生がお姉ちゃんばかり褒めるので、自分も褒められたくて練習をしたが、思うようにいかず、ストレスをため込んでしまったのだ。2人のペースの違いのせいで起こったことだったが、まだ幼い子に、人にはそれぞれのペースがあるのだということをわからせるのは簡単ではなかった。練習するたびにヘウンはストレスがたまり、それを見ているほうも気が重かった。結局、特別措置として、ピアノは本当に弾きたくなったら再開することにして、いったんやめさせることにした。

　その代わり、ヘウンにはバイオリンを勧めた。あちこち探し回って中古のバイオリンを手に入れ、先生を探した。姉が習っていない、ヘウン独自の楽器を習わせたのだ。それ以来、ヘウンは家で一番のバイオリンの名手となった。なぜなら、他に誰もバイオリンを習わなかったからだ。そうしてヘウンは誰とも比べられることなく、自分のペースでゆっくり進めるようになった。そうすると、ストレスも嘘のように消え去った。その後もヘウンはバイオリンを続け、今ではよい趣味

となっている。

==観察者である親は、子どものペースがゆっくりでも速くても、それを理解し、その子が自身のペースで生きられれば十分だと考えるべきだ。子どものペースを理解して手助けしてあげれば、その子は必ず成長する。==

## 子どもの自分探しの旅に同行する

　次女のヘウンは、暇さえあればこんな質問をしてくる。「1歳の誕生日パーティーのとき、私は何を選んだの？」。どこかで韓国のトルジャンチ＊について聞いたのだろう。そんなとき、私はいつも気乗りのしない顔であいまいな返事をした。すると、ヘウンは納得いかなかったのか、父親に同じことを聞いた。だが、父親もこれといった反応をしない。いつもこんな調子なのに、忘れた頃にまた聞いてくる。
　「私は何を選んだの？　本？　聴診器？　それともお金？　友達は糸を選んだって！　なんで覚えてないの？　気になるのに……」

　1歳の誕生日パーティーは、アメリカ育ちのコリアンの子どもたちが、韓国文化に興味を持ち始めたり、学校で韓国の文化を紹介したりするときによく話題に出す、特別な行事の1つだ。アメリカでも生まれて初めての誕生日パーティーは盛大に祝うが、韓国のパーティーとは雰囲気が大きく異なるため、子どもたちもよく関心を持つ。特にパーティーのときに子どもの前に置くお膳に関しては、外国人もとて

---

＊　満1歳の誕生日を祝う伝統行事で、子どもの前のお膳に本、鉛筆、糸、お金などを置き、何をつかむかで子どもの将来を占う。

も興味を示してくる。ところが、ヘウンの質問にはっきり答えられないのは、3人の子を育てながら一度もこのような韓国式のパーティーをやれなかったからだ。それでも、ヘウンがあまりに興味津々に聞くので、パーティーをやれなかったとはとても言えず、はぐらかしてしまった。父親が牧師である私たちの家庭では、韓国式の伝統的なパーティーではなく、知人たちを招待して礼拝をしながらお祝いする場とした。お膳もないので、子どもに選ばせるものもあるはずがない。こうやってアメリカに移民すると事前に知っていれば、お膳を用意して糸でも鉛筆でも選ばせて、韓国文化の思い出を作ってあげたのに……。思い返せば少し後悔もある。

　それはそうと、私が注目したのは、パーティーで自分が何を選んだのかを知りたがるヘウンの姿勢だ。このように関心を持つということは、自身の才能に関心があるということだからだ。もしかすると、その気持ちは親が思う以上かもしれない。自分は何が好きなのか、どんな人になりたいのか、何に関心があるのか、考えをめぐらせているということだ。「うちの子は何も考えていないみたい」「何をしたいのか、さっぱりわからなくて」と訴える親は多いが、実際はそんなことはない。==子どもは知らず知らず、自分について常に考えている。ただ、自分のことを知る方法を知らなかったり、その方法に慣れていないだけなのかもしれない。==

　子どもは成長しながら、自分を探そうと努力する。教育専門家によると、このような自分探しの努力は、生まれてから3歳くらいまでのあいだに一番盛んに行われるという。この時期の子どもは好奇心や情熱、集中力が最も旺盛なので、親はわが子を特別で非凡な存在だと思うそうだ。スポンジのように知識を吸い取り、何でも面白いものを探

して実行してみる。そして絶えず発展し成長しながら、自分独自の特性を探し出し、自分だけのストーリーを作り上げていく。

　アメリカの心理学者マズローは、人の欲求を５つの段階に分けた。１段階目は生理的欲求、２段階目は安全の欲求、３段階目は所属と愛の欲求、４段階目は尊重の欲求、そして最後の５段階目は自己実現の欲求だ。マズローによると、低いレベルの欲求が満たされると、上のレベルの欲求を満たそうと試みるようになる。この理論を子どもに当てはめるなら、子どもは親から、まず衣食住などの生存に必要なものを十分に受け取らなければいけない。これが満たされてこそ、安全から自己実現に至る欲求が生じるようになる。実は、この理論は５段階では終わらない。マズローはこの理論を発表した後、それ以上の段階である「自己超越の欲求」の段階を追加した。これは他人の自己実現を手助けするボランティア、寄付、犠牲などを自分の喜びとする段階だ。また、この段階は他の段階を経由せずとも、各段階で追求することのできる価値だと定義した。

## 客観的観察のための7つの方法

　マズローの理論が示すように、子どもたちは生まれた瞬間から自分探しの旅に出る。この道のりは簡単ではなく、幼い子どもが１人で成し遂げることはできない。親は愛の眼差しで子どもの可能性を信じ、独自の才能を発見すると同時に、その愛には客観性がなくてはならない。

　すべての親はわが子を愛している。その愛は、意識的に努力しなく

とも、すでに築かれているものかもしれない。しかし、愛されて育ったからといって、子どもがしっかり成長し、実を結べるとは限らない。十分な愛を与えたにもかかわらず、子どもが真っすぐに成長せず、さまざまな困難を抱えていることを嘆く親は多い。そんな場合は、子どもに与えた愛を見直すべきだ。愛だと思って与えていたものが、むしろ毒になり、子どもをだめにしたり苦しめたりしてはいないか、点検しないといけない。本当の愛は相手を成長させ、発展させる。いくら意図はよくても、子どもがそれを愛だと感じないなら、子どもにとっての本物の愛にはならないのだ。

　子どもが本物の愛を受け取り、自己実現していく旅程において、親の役割は何なのだろうか。==一番重要なのは、親は自己実現の主体ではなく、助力者にすぎないことを認めることだ。==子どもを愛するがゆえにこの事実を認められないとしたら、その子は大人になっても自分の人生を主体的に生きることができなくなってしまう。だから、==親は客観的な目で、助力者の視点から子どもを見なければならない。==子どもを見る目が片寄っていたり自己中心的であったりすると、客観的にわが子を観察することは難しい。親の考えが現実とは距離があったり、自分の子育てがすべて正しいと考えていたり、先入観にとらわれていたり、子どもに対する欲があったりすると、客観的な姿勢を保つことはできない。

　客観的でない親に共通する現象がある。彼らは皆、わが子が完璧であることを望む。小さなミスも許すことができず、不完全さがむしろ長所にもなりうるという事実を知らない。そして、子どもの可能性や才能を過大評価するあまり、わが子が何でもこなせると考え、あまりに多くのことを詰め込もうとする。さらに自分の子どもが一番だと思

い込んで、周囲に自慢話をして歩く。だから、これだけは心に留めておこう。「最高の子ども」はいない。ただ、「最善を尽くす親」がいるだけだ。

　子どもの進路を決めてかかり、親の指示通りにやることを望むケースもある。「絶対に医者になりなさい」とか、「わが一族に弁護士の1人くらいはいなきゃ」などと言い、子どもの意思とは無関係に未来を決めつける。プロセスこそが重要だということを知らず、結果だけにこだわる親もいる。また、子どもを過保護に育て、子どもが失敗を通して学んだり成長する機会を奪ってしまうケースもある。

　私の場合、親として片寄らずに客観性を保とうと努力してきた。だから、子どもの才能を発見して発展させるにあたり、「自分は単なる助力者であり、主体は子ども自身なんだ」と、何度も頭のなかで繰り返しながら、もっとしっかりした母親になって子どもを手助けしようと心に誓った。子どもの立場から考えると、今自分が直面している欲求の段階の次に、何が待ち構えているのかを知ることができない。なぜなら、今の欲求がいったん満たされないと、次の段階は見えてこないからだ。一方、すでにその段階を通り越してきた親は、経験や直感、学習によって、次の段階に何が必要なのかを知っている。子どもが今必要なものは何なのか、それを十分に得られているのか、次の段階のために何を準備すべきなのか、何に挑戦するのか、予測することができるのだ。

　私が一番重要視したのは、マズローがあとから追加した自己超越の欲求だった。この欲求はすべての段階で満たすことができるため、子

どもたちの成長の段階ごとに多くの時間を割くようにした。また、私が最初に手本を見せて、理解させる過程も経るようにした。うちの子どもたちは、自分の人生が他の人たちを助け愛するために使われるべきことをよくわかっているが、それを理解させるには意図的なアプローチが必要であり、そのために研究し、しっかり考える母になる必要があった。そこで、私は次のような実践を重ねた。

## 1. 子どもより先生の肩を持つ

　子育てをするなかで、多くの助力者に出会うことになる。学校の先生をはじめ、ピアノ、バイオリン、美術の先生、家庭教師、ボランティア団体のリーダーなど、子どもは無数の大人たちと出会い、関係を築き、学んでいく。ところで、その関係のなかで問題が生じると、親は子どもの口から何が起きたかを聞く。愛する子どもが興奮した声で先生の理不尽さや自分が困っている問題を訴えるのを見ると、「いったい、なぜうちの子にこんなことを？」と思うこともあるだろう。だが、こんなときほど、親は感情的になるより客観的に状況を把握するべきだ。

　私も３人の子を育てながら、たびたびこのような経験をした。優等生で牧師の子どもでもあった娘たちは、幼い頃からよい子として評価されていた。それでも私は、常にまず先生の立場で考え、子どもと話すときは先生の肩を持つようにしていた。そうすることで、子どもたちは自分の態度や見方を改めて見直す機会を得て、自身のなかに隠れていた身勝手な気持ちに気づくことになった。これもまた、自分を理解する過程なのだ。

子どもは先生の意図を正しく把握できず、誤解して腹を立てる場合が多い。だから、先生と子どものあいだに問題が生じたときは、子どもの意見だけを聞いていてはいけない。子どもの考えと先生の考えを比べてみれば、先生の考えのほうが合っていることが多い。確かに理性的でない変な先生もいるかもしれないが、私は先生が子どもをしっかり指導し、正しく導いてくれると信じている。親は前後の状況を正確に把握し、子どもが先生の意図を理解して受け入れられるように手助けすべきだ。子どもは感情に走って悲しがったり悔しがったりすることもあるため、親は理性的に判断するための知恵を示してあげよう。子どもと直接関係する人はすべて、子どもを客観的に見られる助力者だ。彼らの冷静な見方や考えをよく聞くことで、親は子どもを客観的に観察することができるのだ。

## 2. しつけは選択ではなく必須

　しつけは愛のもう1つの姿だ。だから、やるかやらないかを選択できるものではなく、必須なのである。子どもが幼いほど、しつけはより重要になる。わが家は牧師の家庭なので、周囲からの期待値が高く、牧師である父親はもちろん、子どもたちも多くの注目を浴びた。他の家庭の子どもなら気にされないいたずらや過ちでも、わが子たちがすると悪口を言われたり後ろ指をさされたりすることもあった。そのため、どうすればうちの子どもたちが周囲から愛される存在になれるかを考えた。私はその正解を聖書から見つけることができた。「歩むべき道に応じて若者を訓練せよ。／そうすれば年老いてからもそれることはない」。これは「箴言」の一節だ。このように、聖書は子どもた

---

\*　　旧約聖書のうちの1つ。

ちをしっかりしつけることを教えている。実際、自分の子どもなら少々過ちを犯しても、失敗したとしても、かわいく思えるものだ。だが、他人はそう思わない。それに気づき、誰からも愛される子に育てるには、もう少し厳しくしつける必要があると考えた。そのため、礼儀もきちんと教え、親と大人を尊敬するようにしつけた。

　家庭での厳しいしつけは、外でも自然に表れた。礼儀正しく、教会のボランティアにも熱心に取り組む娘たちは、周囲の人たちから気に入られ、よく褒められた。母親の私は決して子どもたちを甘やかさなかったが、他の人たちは娘たちに優しく、親切にしてくれた。

　長女のヘミンは11歳から教会で賛美歌の伴奏をするようになり、大学に入るまで長いこと真面目に奉仕した。早朝礼拝をはじめ、週に何度も父親に従って教会でボランティアをしたこともある。そんなヘミンがハーバードに合格したとき、一番驚いていたのは教会の信徒の人たちだった。毎日教会にいるのに、いったいいつ勉強する暇があったのか不思議がった。私がセミナーの講師に招かれて子どもの教育について講演したとき、ある方から私の子育て方法について質問された。私は「子どもの年齢に従ってスタイルを変えた」と答えた。幼いうちは徹底的に厳しくしつけ、年齢が上がるに従い、優しく会話をしながらしつけ、今は子どもの意見を尊重している。

　しつけ（discipline）という単語の語源は、弟子（disciple）だという。俗にしつけというと、大声で怒鳴り、叱りつける懲罰と思われていることが多い。だが、本来のしつけとは、教育し、訓練することだ。つまり、正しい行動を促し、許されない行動を正していくことである。私は子どもたちが故意に誤った行動をとったときは、即座に制止した

り直すようにしたりと、断固とした対応をした。いくら忙しくても、一度も見過ごすことはなかった。特に、嘘をついたときは厳しく叱った。だが、公共の場や多くの人が見ている前では叱らず、2人だけになれる場所で叱るようにした。

　不注意などの故意でない失敗は、繰り返し注意して直させた。親が決めたルールは必ず守らせ、それでも守れないときは守るべき理由を納得いくまで説明し、小さな罰を与えたりもした。このようなしつけは、客観的な観察者としての親がやるべき重要な役割である。

## 3. 積極的支援

　娘たちは幼いうちから母親の厳しさを知り、言うことをちゃんと聞かないといけないと悟った。同時に、母親は自分がやりたいことがあればいつでもできるように機会を与え、積極的に手を貸してくれる存在であることも理解してくれた。

　例えば、テレビの視聴は週2時間ほどに厳しく制限した。おかげで子どもたちは外遊びが好きになり、それだけは思う存分できるようにした。当時、私たち家族が住んでいた留学生寮は安全だったし、アメリカの田舎暮らしをたっぷり楽しむことができた。子どもたちは自転車に乗るのが大好きで、読書も好きだったので図書館にもよく通っていた。アメリカは子どもだけで外出できるような環境ではないため、どこに行くにしても親と同行しなければいけない。図書館では本を貸してくれるのはもちろん、子どもを対象に多様な文化プログラムも行われていた。娘たちはすべてのプログラムに参加したがったため、私も毎日、出席カードにハンコを押すように図書館に通った。

末っ子のヘソンは3〜4歳から小さな動物のぬいぐるみが大好きになり、中学卒業までたくさん集めた。そうして集めた大切なぬいぐるみを、ヘソンは中学卒業と同時に知り合いの子に譲ったのだが、まるで結婚した子どもを見送るような心境だったと言う。そうやってぬいぐるみから卒業したヘソンには、新しい趣味ができた。カリグラフィー＊だ。まるで美術作品のように多様な書体を書くカリグラフィーこそ、ヘソンのおとなしい性格にぴったりだと思った。しかし、1つ重大な問題があった。近所でカリグラフィーを教えてくれる人が見つからないという点だ。やっと探し出しても、大人を対象にした教室だった。子どもを受け入れてくれる教室を探してあちこちに聞いて歩いたところ、高速道路を使って車で1時間ほどかかる場所に先生を見つけた。2時間の授業と合わせて合計4時間、数カ月にわたり教室に通い、基本を習得したヘソンは、さらにインターネットで勉強した結果、自分独自のスタイルを身につけた。

　このように私は、勉強に直接関係のない趣味についても、全力で子どもをバックアップした。カリグラフィーの教室に通う車のなかでわくわくしているヘソンの顔が、今も目に浮かぶ。2時間の授業のあいだ、じっと待っていた母親のことを、ヘソンは心強い後ろ盾として頼りにしてくれたことだろう。

## 4. 失敗したときの代案を立てる

　子どもは自分の道を探して、数え切れないほどの計画を立てて挑戦をする。だが、世の中は思い通りにはいかないことのほうが多い。そ

---

＊　　西洋や中東における、文字を美しく芸術的に書く技法。

んなときに重要なのは、親の姿勢だ。失敗に対してさりげなく、淡々と接する親の姿を見て、子どもは失敗を過度に恐れないですむようになる。実際、方法がないように見えるときでも、常に他の道が存在するものだ。新しい道を切り開いたり、それもだめなら一から始めればいいと信じる気持ちが大切だ。そのためには、失敗した場合を見据えた計画が必要だ。それにより思考の幅が広がって柔軟性を持てるようになり、焦りからのミスを防げるし、楽しみながら新しいことにチャレンジできる。

　私は音楽の才能もなく、運動はなおさら苦手だった。だから娘たちも運動は得意ではないだろうと思っていた。ところが、次女のヘウンは中学校を卒業するや否や、テニスをやりたいと言い出した。昔からやってみたいと思っていたが、高校に入ったらテニス部に入ると決心したのだという。本人の希望だし、長考の末に決めたため、止めることはしなかった。だが、趣味で習うにはいいが、学校の代表チームに入るという目標はどう見ても無理そうだった。それでもヘウンの決心は固く、詳細な計画まで立てて、夏休みには代表選抜の審査に向けて近所のテニスコートで個人レッスンも受けながら懸命に練習を重ねた。代表チーム選抜に向けて頑張るヘウンに冷水を浴びせることになるかもしれないが、私は客観的根拠をもとに、代表チームに選ばれなかったときの計画も立てるべきだと、冷静に助言した。ヘウンは気乗りしなかっただろうが、話し合いの末に、ジャーナリズム、ドラマ、学校の放送部などの案も考えた。

　そうして１週間にわたる審査に臨んだ。月曜日から木曜日までコーチが志願者たちと一緒に練習しながら有望な生徒に目星をつけ、最終

日の金曜日に最終選抜をするという。木曜までせっせと学校に通って練習に参加したヘウンだったが、金曜日の選抜テストを終えて帰ると、顔を真っ赤にして、がっくり肩を落とした。金曜日のテストには、練習期間には見なかった新しい生徒たちが多く参加した。彼らは飛び抜けた実力を持っていたため、事前練習なしに最終選抜テストだけ受けに来たのである。結局、事前練習に参加した生徒たちは全員脱落し、金曜日に来た子たちだけが代表チームに選ばれた。憤慨するヘウンを、「学校代表なら幼いうちから実力を培ってきた子たちが選抜されるのは仕方ない、この夏に流した汗は報われなかったが、悔しさを忘れて他の活動に情熱を注げばいい」と、客観的なアドバイスで励ましました。

　その後、ヘウンは文才を生かして、発行部数3500部の学校新聞の編集長になった。新聞部の活動はかなり忙しいので、もし運動部も兼ねていたら大変になっていただろう。のちにヘウン自身も、あのときにテニスの代表チームに入れなかったのはむしろよかったと告白した。今でも私とヘウンは、あの金曜日、テニスの英才児たちが次々と姿を現したときの衝撃について思い出話をする。このように、わが家ではある目標を設定したら、それを目指して全力を尽くしながらも、目標を達成できなかったときのための計画も事前に立てるようにしている。

　アメリカの学校は夏休みが長い。子どもが学校を離れて外の世界をのぞき、新しい経験をする決定的な時期だ。この夏休みの計画を立てるのは簡単ではない。特に私たちのような移民は、子どもに新しい機会を与えることは困難だった。さらに、夏休みの活動で何をすべきか正解がないため、どの活動が子どもにとって有益なのかもなかなか判

断がつかなかった。そんなときは、親子で話し合い、目標が達成できなかった場合の代案を事前に立てておいた。そのおかげで、娘たちは夏休みのたびに人生のターニングポイントとなる多彩な経験ができたのである。

## 5. 出会うすべての人が先生になる

　アメリカで3人の子どもを育てながら、教育関連の教会活動、講演、NPOのボランティアなどを通してさまざまな人と出会い、人脈を築いていった。ときには娘たちに関する噂を耳にして、会いたいと連絡をしてくる人もいた。こうして出会った人たちの大半は子を持つ親であり、特に母親が多かった。そうした人たちのなかでも印象に残っているのは、控えめな態度を見せた母親たちだ。彼女たちは自分の子どもには欠けたところがあると考え、常に学ぼうとしていた。実際のところ、彼女たちは本当に何も知らなかったわけではなく、知識も豊富で、すばらしい教育方針を持っていた。こうした人たちに会うと、私は自分の子どもの欠点を話したり相談したりしたくなり、このような母親を持つ子どもたちはきっと幸せに違いないと思った。

　これとは真逆のケースもあった。ある母親は、自分の子どもが一番で、自分の育て方が一番すばらしいと考えていた。誰でもこのような人を前にしたら気が引けて、何も話せなくなってしまうだろう。特に子どもに関する問題や心配事を打ち明けることはできないはずだ。

　子どもを育てる親ならば、すべての人は先生だと考えて、そこから学ぶ姿勢が必要だ。他の親が子育てで経験したことすべてが教訓になり、学びになるからである。

　子どもをしっかり育てている親の話はもちろん、子育てに関するつ

らい経験や失敗談も役に立つ。必要のない経験などない。そこから自分の育て方を見直すことができるからだ。どんな話でもいったんは耳を傾けて受け入れれば、自分の子どもを育てる養分になる。私も謙虚に人の話に耳を傾ける母親たちを見習い、常に学ぼうとする姿勢で人々に接した。「賢い者は通りすがりの下人からも学ぶ」ということわざがあるが、これは真理だ。どんな人でも、その人なりの知恵を持っているものだ。

　この話を周囲の人たちにすると、こんなに立派に子育てしたのに、何が不足で他の人たちの話を聞く必要があるのかと聞かれる。だが、学びに終わりはない。娘たちが大人になっても、周囲には幼い子を育てる人たちがいる。そんな若い人たちに、私が学んだことを分けてあげればいいのだ。だから私は今も、多くの親の子育てのノウハウを聞くのが好きだ。そうして人の育て方を通して、新しい知識を得るようにしている。

　自分の子育てに使える話なら、親はすべて心を開いて受け入れるべきだ。子どもはそんな親の姿を見て、人生の姿勢を自然と学ぶだろう。自分より学がなく、社会的地位が低い人からも、学ぼうとするようになる。
　私にとっては、3人の娘をハーバード大学に入学させるまで手を貸してくれたすべての人たちが先生だ。その方たちの経験やアドバイス、関心、愛、そして叱責が、私の娘たちを思いやりのある人間に育ててくれたのだから。

## 6. 頼れるメンターを探す

　子どもが成長の過程で道に迷ったとき、誰かの助けによって正しい道を探すことができたなら、その人のことを一生忘れることはないだろう。このような人をメンターと呼ぶ。幼く経験不足の子どもは、問題解決にあたって誰の手を借りればいいかわからない場合がある。そんなときに適切なメンターを探せるように導くことが、親の役割だ。

　うちの娘たちの場合、主に学校の先生たちがメンターとなった。あるとき、三女のヘソンが青い顔で中間テストの成績表を持って帰ってきた。経済学の成績が、これまでに取ったことのない低い点数だったのだ。この授業は高校生が受ける大学レベルの授業（AP）の1つだが、もっと難しい科目もしっかりこなしたのに、やさしいと思っていた科目で壁にぶつかってしまったらしい。聞くと、他の生徒たちも意外に苦戦したという。科目を担当する年配の教授は、かなり高いレベルの講義をしていた。問題は、それがオンラインの講義だったため、教授にアドバイスをもらうこともできなかった点だ。ヘソンと2人で頭を抱えていたところ、オンライン講義を総括する先生がいることを知り、事情を伝えると教授に連絡を取ってくれた。また、自分も大学で経済学を専攻したため、何かしら手助けができるだろうとも言っていた。問題解決のために頼れるのはその先生しかいそうになかったので、私はヘソンに、経済学の授業についてはその先生をメンターにするように助言した。

　その日から、ヘソンは時間があるたびに先生のところへ質問をしに行き、教授が望むところを正確に把握するために一緒に考えた。ヘソンの悩みを通じて他の生徒たちも同じ状況に陥っていることを知る

と、先生は教授との橋渡し役を務めてくれた。おかげで大学の願書提出が迫る重要な時期に出くわしたピンチから、何とか脱することができた。

このように予期せぬ困難に陥ったとき、メンターのおかげで道を見つけ、方向を正すことができる。だから親は子どものメンターになれる大人が近くにいないか、目を皿のようにして探すべきだ。

## 7．母親の先入観を捨てる

親の先入観や偏見は、子どもの価値観に絶対的な影響を与える。旧世代の親であれば、どれほど多くの社会的偏見や先入観に縛られているかわからない。親が誤った考えを持ち続けていると、子どもの思考を縛って可能性を閉ざしてしまう原因になりうる。

私たちがアメリカのマイノリティーとして暮らすなかで捨てるべき1つ目の先入観とは、人種差別だった。韓国人移民は、自分たちもマイノリティーでありながら、他の人種に対する先入観を持っていることが多かった。自分の会社で彼らを雇用し、一緒に働くことはあっても、同じ地域で暮らすことはためらった。とりわけ子どもの学校に関しては敏感な反応を示した。多くの韓国人移民が学校を選ぶ際に、人種構成を最優先に考慮して地域を選択していたのだ。

だが、この先入観を捨てれば、子どものための正しい選択が見えてくる。公立学校に行けば、英才教育プログラムや低所得層向けの支援など、多くの特典があるからだ。例えば英才教育プログラムは、主に人種構成を考慮して実施されているため、富裕層の居住地域では制限がある。また、多くのNPO教育団体がマイノリティーを対象に各種の支援をしているが、韓国人はこの情報を知らずにいることが多い。

韓国人の多くが、富裕層地域の学校に子どもを通わせようとするため、特典対象から除外されるからである。たまに知人にこのような情報を教えても、他人種に対する先入観のせいで機会を逃すこともあった。すでに他人種とともに暮らしているマイノリティーである私たちが、他のマイノリティーを差別してはいけないと考えるだけで、子どもが得られる機会ははるかに多くなる。

　なくすべき2つ目の先入観は、むやみに名門校にこだわることだ。私は子どもたちに、一定レベル以上の大学に行くべきだと強要することはなかった。「自分は娘を3人ともハーバードに入学させたくせに、名門校にこだわらなかっただと？」と反論したい気持ちもわかる。だが、私はただ子どもたちが能力を最大限に発揮できることに焦点を置いただけだ。
　子どもの能力がハーバード大学に行けるレベルなのに、わざわざ州立大学に行ったら、最善を尽くしたとは言えないだろう。逆に子どもの能力が冷静に見て州立大学レベルなのに、絶対に名門校に行かせようとするのは、子どもにつらい思いをさせて人生を壊してしまいかねない。親がやるべきは、子どもの能力を最大化することだ。それ以上を望むことは、親子双方が不幸になる道だ。

　もう1つの先入観は、将来お金をたくさん稼げる専攻だけが有望だと考えることだ。親がこのような考えを持っていると、子どもも間違った判断をしてしまう可能性が高くなる。子どもの才能はとても多様だ。適性検査をしてみると、「こんな職業があったの？」と改めて驚

---

＊　アメリカでは、公立校である州立大学よりも、ハーバードをはじめとする名門私立大学のほうが入学難易度が高い傾向にある。

くほど、多くの職業が存在する。本当に有望な職業は、子どもが幸せを感じながら長く従事できる仕事だ。そう考えれば、答えはおのずと出る。そのような仕事なら、どんな分野であろうとよい結果をもたらすだろうし、お金では買えないものを得ることもできる。

　==うちの子が将来何をしたいのかわからないと愚痴をこぼす親たちに、いつも私がアドバイスするのは、「子どもがやりたいことをやらせてあげましょう」だった。子どもは、やりたいことがないのではなく、将来ちゃんとお金を稼げるだろうかと心配する親の気持ちを認めることができないだけだ。==お金に対する心配や執着を捨てれば、子どもが歩むべき道も、職業と専攻も見えてくるものなのだ。世の中にあなたの子が必要とされる場所がどれほど多いかも、自然とわかるだろう。

　うちの娘たちは、いつでも自分のやりたいことを遠慮なく話してくれる。気を使うこともなく、自分がなぜこれをやりたいのかを堂々と話す。母親が自分の意思を尊重してくれると信じているからだ。子どもたちはこの点を感謝していた。娘たちは専攻や職業を選ぶ前に、さまざまな分野のインターンシップをアメリカ国内外で体験した。親が先入観を持っていれば、子どもたちはこの広い世界に向けて進むことはできなかっただろう。

　こんな話をしていると、親の役割というのは実に難しく大変なものだと気づく。==ときには無条件で子どもを愛さなければいけないが、ときには誰よりも客観的に判断しなければいけない==からだ。しかし、どんなに舵取りが難しくても、無条件の愛と客観的判断の２つはコインの裏表のように、常に併せ持っていなくてはならない。

# 03
# 観測する人：
# 一歩先立つ努力が
# 子どもの機会を開く

## 親が先に勉強する

　「観測者」の辞書上での定義は、「物事の状況や形勢の変化を注意深く見て、将来を予測する人」である。観測者としての親の役割をうまく定義した一文だ。親が子どもに一歩でも先を見る目を与えることができれば、それだけでも大きく成長する機会が得られるだろう。

　私が長女のヘミンを育てていたときは、何をするにも初めてで、戸惑ってばかりだった。だから、先を考えて計画を立てることにも不慣れだった。つまり、子どもより一歩先を見る観測者の役目をきちんと果たせていなかったのだ。いや、むしろヘミンのほうが先を行き、私がそれを追いかけていたような気もする。それもそのはず、私たち家族が渡米して最初に英語をマスターしたのがヘミンだったからだ。意思疎通ができるので学校にも早く適応し、アメリカの文化にも真っ先に慣れていった。そのため、何かで困ったときはヘミンに聞くのが一番早かった。韓国のことしか知らない私には、子どもの未来と教育の

ために先を見通して広い見識を育てるだけの能力がなかった。それでも、外国人である私が育児と教育で大変なときに手を差し伸べてくれた人たちが多かったことを考えると、当時のアメリカ社会の雰囲気には余裕があったように思える。親が頼まなくても、学校が当然のように配慮してくれたり、補習をしてくれたりもした。

　先にアメリカに移民して定着した韓国人には、こちらの教育制度に関する内容を正確に知る人はほとんどいなかった。中高生で渡米してアメリカの大学を卒業した、いわゆる移民1.5世代と言われる人でも、教育環境が大きく変化したため知らないことのほうが多いという。このように素早い変化を知り、情報を得ながら先を予想するのも親の役目である。

　長女のヘミンが大学に入学したとき三女のヘソンはまだ小学生だったが、2人の友達の親御さんとそれぞれ会話をしてみると、そこには大きな違いがあった。ヘミンの友達の親御さんたちは、勉強は自分でやるものだから親にできることはなく、子ども自身がしっかりしなくてはいけないと言っていた。しかし、ヘソンの友達の親御さんたちは、どの学校の進学率が高くどこの学区がいいのかという話題で持ちきりで、中学生のうちにすでに高校の学区まで考えているほど教育熱心だった。こうした親の姿を見ながら、十年一昔という言葉を実感した。ヘソンが長女とは10歳も離れているため、私にとっては一から子育てをしているようなものだった。当然、ヘソンの友達の親御さんたちはとても若い上に、専門職として働く人も多く、教育に関する知識や理論も十分に備えていた。パソコンも使えるし、英語も巧みで、人付き合いも活発だった。そんな彼女たちを見て、私も努力しなくてはと思い、2人の子を育てた自分なりのノウハウに加え、インターネッ

トで資料を検索する方法を学び、子どもの教育本を読みふけり、SNSでも情報を収集した。そんなふうに社会の変化に追いつくため、若いお母さんたちに負けまいと努力をした。そういうわけで、長女と次女のときとは違い、ヘソンに対してはもっと早くから才能をよく観察することにした。

　親であれば時代の変化を読み取るために、もっと努力し、学び、耳を傾けなければいけない。教育政策の変化に敏感になり、できれば教育委員となって自分から教育の変化をもたらす活動をするのもいいだろう。これからは親にも情報収集能力が必須の時代だ。アメリカに来た頃の私はEメールを送る方法も知らなかったが、今はそんなふうでは育児に支障が出るだろう。

　子どもに大きな影響をもたらすパソコンやインターネットの知識も必要だ。ネットを通して得られる情報を理解し、うまく活用しなければいけない。長女と次女はテレビを制限するために親子間の摩擦が生じたが、三女のヘソンに対してはパソコンの利用をめぐって頭を痛めることが多かった。だが、雨のように降り注ぐ情報で、親も賢くなる。私のような母親でさえ、パソコンとインターネットで情報を得て知識を蓄えることができるのだ。
　ただ、多くの情報を持っているからといって、一歩先を見る観測者になれるわけではない。**重要なのは、その多くの情報のなかから本物と偽物を選り分け、どんな情報がわが子に当てはまるのかを判断する見識を育てることだ。**さらに、その見識でわが子だけの新しい能力を見つけることもできる。これは学校などの教育機関に全面的に任せるには限界がある。なぜなら、学校側が持っている情報が子どもに合う

保証はないからだ。子どもに合った情報を探すのは、親が子どもを完全に理解し、子どもに必要な情報を選び抜く見識を持つことで、初めて可能となる。この見識は一朝一夕に身につくものではない。たくさん本を読み、変化を察知し、子どものことを心から気にかけることで得られるのだ。

## 才能よりも品性を育てる

　子どもの才能を見出すためにまず頭に思い浮かんだのは、子どもの品性の教育だ。アメリカにいると、地域ボランティア活動という言葉を自然と何度も聞くようになる。特に私たち家族は、日常的にこの言葉と強いつながりを持っていた。

　アメリカに到着した私たちが英語を学ぶため噂を頼りに見つけた先生は、80歳近くのおじいさんで、元大学教授だった。週に一度、わが家に来て2時間ずつ個人レッスンしてもらった。このレッスンは一種の地域ボランティアだったが、時間もきちんと守って、本当に真面目に教えてくれた。そんな姿を見ながら、「自分だったら、退職後もこのようにボランティアができるだろうか？」と考えた。このように、アメリカは社会の隅々までボランティア活動が盛んで、日常生活のなかでふつうに見かける。アメリカに移住したばかりの頃に私を手助けしてくれた上の世代の韓国人移民たちは、人のために献身する習慣が身についている。彼らはボランティアを市民の責任であり、義務だと考えていた。

　アメリカの子どもたちは親や祖父母に倣って、当たり前のようにボ

ランティア活動に参加する。子どもたちは初めから他人を助けたいと思って始めるのではなく、最初は親について学んでいくのだ。そして活動の場で褒められ、ちょっとしたおやつやおもちゃなどをもらいながら、ボランティアの醍醐味を知っていく。幼い頃からボランティアに参加してきた子どもたちは、ボランティア精神が品性の土台となっている場合が多い。高い品性を持って生まれるというより、ボランティアをしながら他人を思いやる人間になっていくのだ。

　１つ注目すべきは、ボランティアに対する報奨システムがしっかりしている点だ。大学入試や就職、昇進にもいい影響を与える。ひょっとすると、「ボランティアは純粋な気持ちでやるものだ。見返りや利益を得るなら、それはボランティアと言えるのか？」と思う人もいるかもしれない。しかし、他人を思いやる生き方が、純粋な気持ちだけで可能なのだろうか。アメリカでは体系的な報奨制度があり、ボランティアをしたらその恩恵を得られるのが当然になっている。報酬を受け取るのを恥じたり、利益を得ると動機の純粋さが損なわれると心配したりする声は聞かれない。このように、アメリカは長い経験と歴史を通して、社会全体に体系的なシステムを構築し、ボランティアに参加する市民を生み出した。教育と報奨で自由民主主義の市民を作り上げているのである。

　ボランティアの真の意味を知ってから、私は三女のヘソンに幼いうちからボランティアに参加させ、高い品性を育てようと思った。それにはヘソンが好きな分野から始めるのがいいと思ってあれこれ探していたところ、近所にある馬牧場を思いついた。ヘソンはケンタッキー州で生まれたからか、馬が大好きだった。その牧場では一定時間ボラ

ンティアをすると、無料で乗馬の授業を受けられる。この特典は動物好きのヘソンにはぴったりだった。

　この牧場では、手足に障がいのある子どもたちが馬に乗って心身の鍛錬をするプログラムを運営していた。当時小学6年生だったヘソンがここで初めてした仕事は、馬小屋で糞を片づける仕事だった。しばらくすると、馬の体を拭いてブラッシングをする仕事にあたった。そして高校1年生になって、やっと障がい児のためのプログラムに参加させてもらえた。そうやってヘソンは、大学に行くまで1000時間以上もボランティアをした。この経験を通じて、ヘソンは温かく思いやりのある子どもに育っていった。

## 世の中に従うのではなく、世の中を従わせる

　すでに述べた通り、娘たちのテレビ視聴は週2時間と決めていた。このように制限した理由は、テレビの特性を考えてのことだ。ふだんは気づかないが、テレビはわずか1分間に約30回も画面が切り替わっている。そのため、じっとテレビを見ていると、画面に現れるメッセージを無意識に受け入れるようになるのだ。次々画面が切り替わるのに慣れてしまうと、じっくりと本を読んでいるのが退屈に感じられ、本よりもテレビに心を奪われてしまう。また、その刺激的なイメージのせいで、テレビを見たあとで勉強をしようとしても、集中するまでに時間がかかる。こういった理由で、テレビを子どもから遠ざけることは不可欠だった。

　テレビよりさらに強力なパソコンから子どもを切り離すのは、まる

で戦争のように大変だった。特に三女のヘソンを育てていたときは、姉たちとは違い、パソコンがテレビとは比べ物にならないほどのスピードで子どもの生活を支配しつつあった。パソコンを長時間使用することは、脳が十分に発達していない幼い子であるほど、致命的影響を受ける可能性がある。ヘソンにもそんな影響が出るかもしれないと思い、どう備えるか頭を悩ませた。私の結論は、コンピューターに操作されるより、コンピューターと戦って勝利する子どもを育てようということだった。すでに作られたプログラムを機械のように動かすのでなく、逆にプログラムを作れるような子に育てようというチャレンジ精神だ。

　ありがたいことに、ヘソンは3人の子どものなかで、機械いじりが一番好きだった。家に新しい電化製品が来ると、真っ先に説明書を読んで組み立てるような子だった。それを考慮して、コーディング*を教えたらいいのではと考え、近所で初のコーディング学習会を作った。
　ところが、コーディングを学びたいという子どもは集まったのに、先生がなかなか見つからない。子ども相手にコーディングを教えてくれる塾もなく、個人指導してくれそうな人もいなかった。結局、近所のパソコン教室に手当たり次第に電話し、コーディングを教えてくれる先生がいないかと聞いたところ、何とか先生が見つかった。生徒は誰かと聞かれ、12〜13歳の3人だと答えると、そんな幼い子どもたちが何のためにコーディングを学ぶのかと不思議がられた。こうして子どものコーディング教室が誕生し、翌年にはコンピューター公認資格証まで取得した。当時の試験監督は、こんな幼い子が試験を受けに来

---

＊　　プログラミング作業の一部で、仕様書に従ってWebサイトやプログラムを作成する作業のこと。

たのは初めてだと驚いていた。

　その後も多くの子どもたちがコーディングを学ぶようになり、塾に入るのに順番待ちしなくてはいけないほどになった。噂を聞きつけ遠方から来る子もいるほどだった。今ではコーディングを教える塾や個人教室もずいぶん増えた。このように、母親の一歩先を見る目が、子どもの機会と未来を開くカギになるのだ。

　こうしてヘソンは新たな時代に合わせて一歩を踏み出した。科学分野にそこまで興味を示さなかった姉たちとは違い、ヘソンは科学や数学にも興味を示し、さまざまなチャンスを手にした。中学生のときに実施されたPSAT（大学進学適正検査）で好成績を取ったため、小学6年生〜中学2年生の3年間、ジョンズ・ホプキンス大学で行われた青少年のための英才プログラムに参加する機会を得られた。このプログラムは、3週間にわたり大学の学生寮で生活しながら、専門の教授とともに関心ある分野を勉強することができる。参加費が高額なサマープログラムの1つだったが、財政補助のおかげでほとんどお金をかけないですんだ。ヘソンは、自分が好きで得意な分野を早く体験できてよかったと言っていた。6年生の夏に初めて家を離れて新しい経験をすることで、一足早く自分探しの旅に出て、小さな巨人として成長しつつあることも実感したのだ。コーディングを早くから学んで資格を取ったおかげで、中学3年生の夏には、高校生でも参加が難しいという「COSMOS（California State Summer School for Mathematics and Science）」という科学キャンプにも合格して参加した。

　このように、母親はわが子が自分の興味や適性を見つけられるよ

う、絶えず時代の変化に目を向け、情報を収集し、一歩先を読んで子どもを導く努力をする必要がある。

# 04 確認する人：子どもの現在の状態を客観的に把握する

## まず確認すべき6つのこと

　子どもは過ちを通じても成長できるものだ。少なくとも、私はそう信じている。子どもはまだ未熟なので、何でもうまくできるわけではない。だから練習と失敗を繰り返しながら成長する。しかし、子どもの過ちは許されるべきだが、大人たちによる子どもへの過ちは許されない。子どもは実験台ではないのだから。

　特に教育においては、一度の過ちも許されるべきではない。今回は失敗したけれど、次回はうまくやればいい、というのは、教育者と保護者の身勝手な考え方だ。大人には次の機会があるかもしれないが、子どもにとってはすべての機会が一度きりだ。子どもに対する過ちは、あとで挽回すればいいと思っても、すでに時期を逸して取り返しがつかなかったり、挽回できなくなったりする。親にとっては一度の過ちでも、その出来事が子どもの記憶に焼きついてしまうと、そのトラウマが生涯にわたり影響を及ぼすこともある。だから、1人ひとりの経験を大切にして、ミスのないように努力すべきなのだ。

そこで親にできる最善の策は、徹底的に確認することだ。私はいつも何かを決めるとき、どれだけ小さなことでも慎重に考え、少しでも見逃していることはないか確認した。それを続けるうちに、今の子どもの状態を正確に評価して判断する「確認者」の姿勢が身についた。私がいつも実践していたのは、次の6つの確認作業だ。

## 1. 子どもの学習意欲

　小学校低学年のときの成績は、どれくらい重要だろうか。これに対する私の答えは、「平均なら十分」だ。幼い子を持つ親御さんたちによく聞かれる質問は、「うちの子は勉強があまりできないのですが、アイビーリーグのような名門大学に行けるでしょうか？」だった。この問いに対して、私は決まってこう答えていた。「もちろんですよ！」。

　韓国人の親の多くは、わが子が平均よりも勉強ができないと思っている。まるで1等になれなければ、勉強の実力が劣っているとでも考えているようだった。しかし、すべての子どもは無限の可能性を持っている。幼いうちに重要なのは学校の成績ではなく、学習意欲だ。学習意欲は年齢によって現れ方が変わる。勉強に面白さを感じているのなら、1等にならなくても、平均くらいだったとしても、そこから伸びる可能性は無限にある。逆に、勉強に面白さを感じられないまま親の無理強いで勉強して1等になったとしても、何の意味もない。残念ながら、このような子どもは難関校に行くと、勉強を面白いと思う子たちに必ず負けてしまう。運よく高校まではうまく進み大学に入れても、結局大学で問題が生じる。いくら親でも、大学の成績まで見てあげられないからだ。

子どもがまだ小学生くらいなら、成績よりも学習意欲があるのかを注意深く見てほしい。面白いと思えない科目があれば、原因は何かを一緒に話してみて、親が助けられることはないか考えてみること。そして、==子どもが自分の課題をやり遂げるだけの真面目さを持っているかを、必ず一緒に確認するべき==だ。真面目さは、小学校で必ず学んで身につけるべき重要な学習態度のうちの1つだからだ。==真面目さがあれば、子どもは自ら学業と成績に興味を持ち、もっと頑張ろうという意志も生まれる。==私は、子どもたちが小学生のうちに真面目さを身につけさせ、与えられた課題がしっかりできているか毎回確認した。こういったスタンスになってから、わが子たちは得意で好きなことをさらに探求する意欲を向上させていった。

　長女のヘミンは、勉強の仕方、学んだことを整理する方法、効率的な時間配分の仕方を、中学生のときに知ったそうだ。元々ヘミンは早寝早起きなので、宿題や試験勉強は早めにすませ、遅くとも10時半には寝ていたほど、時間管理も徹底していた。しかし、高校生だった頃のある日、遅くまで電気がついていたので部屋に入ると、勉強していた。「こんな遅くまで勉強しているなんて、どうしたの？」という質問に返ってきたヘミンの答えは、印象的なものだった。

　「私、小さい頃からママに厳しくしつけられて、人並み以上だと思っていたんだけどね。ユダヤ人の友達は勉強をしていないふりをしてるけど、家では並大抵じゃない努力をしてるみたい。だから、私もその子たちみたいにもう少しだけやってから寝ようかなって」
　ヘミンのこの意欲には、ユダヤ人の友達も敵(かな)わなかった。

## 2. 子どもの安定

　わが子たちは、家庭、学校、教会という環境に囲まれていた。私は子どもたちが安全な環境のなかで過ごせているかを、常に確認していた。ヘミンの場合、アメリカに来て、会う人はもちろん、家、学校、住む街、教会まで、すべての環境が変わった。韓国人に会っても、韓国で会っていた人とは違う人だった。急変した環境のなかでもヘミンが安定して過ごせるようにするのが、私の最優先の目標だった。幸い、ヘミンは学校にすぐ慣れた。韓国との違いは大きかったが、学生中心で楽しく授業を進めるアメリカ式カリキュラムに難なく適応できた。しかし、逆に苦労したのは韓国人が集まる韓人教会だ。最初に通った教会は韓国人が集まる教会だったが、子ども礼拝は英語で行われ、伝道師夫婦もアメリカ人だった。さらに、礼拝に参加する子どもたちも英語だけを使っていた。そんな子どもたちは、韓国語のほうが得意なヘミンをいじめるようになった。悔しくて泣きながら帰ってきたヘミンに、夫がきっぱりと言い放った。

　「ヘミンのほうが慣れないとね。泣かないで我慢するんだ。パパにはどうにもできない問題だよ」

　すぐには適応できなくても、韓人教会で得られる安定感もあるため、私はヘミンがその困難と壁を乗り越えるべきだと判断した。それ以降、ヘミンは親に頼ろうとするのをやめて、子どもたちに交じって正面からぶつかり、自ら問題を克服した。時が経つと、子どもたちと自然に仲良くなり、適応した様子を見せてくれた。こうして、心の安定を求めて毎週教会に通うのが楽しくなったようだ。それはアメリカ人だけの場では得られない所属感だった。このように、子どもが今の環境で安定を得られているのかを確かめることが必要だ。

## 3. 子どもの目標

　人生の目的がはっきりしている人の生き方は美しい。行くべき道が明確なので、人生の航海で迷わないからだ。子どもたちも目標をはっきりと決めれば、迷わずに青少年時代を有意義に過ごせる。

　私がアメリカの韓国人学校でハングルや韓国文化を教えていたとき、ショックを受けたことがある。子どもたちの大半が自分には夢がない、将来何をしたらいいかわからない、と言うのだ。夢を膨らませ、夢を叶えるために全力で走るべき子どもたちがそんなことを言うとは……。残念で心が痛んだ。これをきっかけに、子どもが確かな目標を持って何にでも挑戦できるようにしてあげようと決心した。

　ヘミンは中学3年生を終えた夏休み、進路に関してずいぶん悩んだ末に、国際政治学を学んで国連で働くことを目標に定めた。目標を決めるとやるべきことも明確になり、それに合わせたスケジュールや詳細な計画も自動的に決まった。学校での活動も、その目標に合わせた。ヘミンが目標と計画を立てる習慣は大学入学後も続き、大学2年生を終える頃には政治学の博士課程に進んで教授になることを目標に定めた。なかでも中国と東アジアの政治について興味を持っていた。そうやって成長していく長女を見ながら、私は目標を決めることの重要性を実感し、下の2人にも早くに目標を決めさせようと考えた。
　具体的には、小学生のうちは基本的な学習態度を身につけさせるため、学習の基礎になる真面目さを重視した。中学生のときは学習方法と時間管理を学ばせて、関心ある分野を体験できるように道を作ってあげた。高校に入ると、何を専攻したいのか考えさせた。しかし、子どもたちにとって大学での専攻を事前に考えることは難しかったよう

だ。「あとでやりたいことが変わったらどうしよう？」「やはり自分には向いていないことがわかったらどうしよう？」と心配になってしまうのだ。幸い、アメリカでは専攻を変えることは難しくなかった。ほとんどの大学では、2年生を終えるときに専攻を最終決定することになっている。それでもわが子たちに高校のうちに専攻を決めさせたのは、どんな分野を勉強したいのか、長い学生生活で何に情熱と関心を注ぐのかを確認するためだった。

　明確な目標を持って学校生活を送るのと、目標なしに学校生活を送るのには大きな差が出る。目標が決まると細部の計画が決まり、それをこなすことで達成感を覚え、自信もついてくる。勉強も誰かに言われたからではなく、自発的にやれるようになる。

　次女のヘウンの場合、中学3年生のときにジャーナリズムを専攻に決め、それに合わせて計画を立てた。末っ子のヘソンは中学2年生のときにコンピューターに興味を持ち、高校2年生のときに科学と歴史を取り入れた科学歴史を専攻することを決めた。こうして子どもたちは3人とも、明確な目標を決めると、これを叶えるための下地を作っていった。

## 4. 子どもの成功体験

　子どもに達成感を味わわせるのは、確認者としての親が必ずやるべきことだ。達成感がないと、子どもたちは新しいチャレンジをせずに現状に甘んじるようになり、元々あった創造性やチャレンジ精神を失ってしまう。そうしないためには、幼いうちから、何かを始めたら最後までやり遂げる習慣を身につけさせることが必要だ。

　何かをやれば途中で疲れることもあるし、難しくてあきらめたくな

るかもしれない。しかし、途中でやめてしまうと、失敗は一度きりでは終わらず、他のこともあきらめやすくなってしまう。

　アメリカでは各自治体で子どもたちにさまざまな経験や機会を与えるため、バレエ、陶芸、美術、音楽など各種プログラムを運営している。公的機関が運営しているため、留学生だと費用がほとんどかからない場合も多かった。私はいつも車で子どもたちを送り、終わるまで待っていた。子どもたちは最初は喜んで始めるが、やっているなかで行きたくないという日もあった。しかし、自分でやりたいと言って始めたからには、必ず最後までやらせるようにした。そうやって各課程を終えるたびにもらえる修了証を集めると、子どもは大きな達成感を味わうことができるのだ。幼いうちからこのような姿勢が身につくと、自ら始めた活動はよほどの理由がない限り、最後までやり遂げるようになる。中学生になってから始めた活動は、平均4年から最長7年ほども続けて、成功体験を積み重ねていった。子どもがフィニッシュするまで、親はしっかり確認する必要がある。

　先に書いたように、次女のヘウンはジャーナリズムを専攻すると決めて以降、すべての活動は執筆に関わるものとなった。学校では学校新聞の編集長となり、学外でも地方紙のインターン記者、『米州中央日報』の学生記者、さらに青少年リーダーシップ・プログラムでは地域のニュースを伝える新聞の編集委員として活動するなど、文章を書く活動には積極的に参加した。なかにはヘウン自身のアイデアで始まったものもある。ある日、わが家が活動に関わっているYMCA支部で開かれている各種行事を紹介する新聞を作ったらどうかと、ヘウンが提案した。それを担当者に伝えると、即座に採用されたのだ。

実際、新聞を作る作業は、強い意欲に加えて忍耐力と実行力が必要だ。定期的に大量の文章を書かねばならず、しかもヘウンは、暇さえあれば各種の作文コンテスト等にも参加した。それと同時に勉強も頑張り、トップの成績を取り続けた。毎日3〜4時間は執筆し新聞を編集する生活を続けていたら、お尻に痛みが生じ、病院で診てもらったら尾てい骨が少し曲がっていると言われた。医師には「いったいどれだけ勉強したらここまでになるのか」と言われ、たまにはストレッチでもしなさいと助言された。

　家族新聞を楽しんで作っていた幼いヘウンが、根気と忍耐力のおかげで才能を実らせたのだ。何をするにしても最後までやり遂げて達成の喜びを味わえるよう、子どもを励ましてあげよう。

## 5. 子どものエネルギー

　目標達成のために立てた計画を忙しくこなしているうち、ストレスで心のバランスが崩れてしまうことがある。必死で頑張っていると、友達はもっと暇そうで楽に生きているように見えるかもしれない。そんなふうに子どもが疲れているように見えたら、新しいエネルギーを吹き込んで、再スタートのきっかけを作ってあげよう。学期末になると、子どもは燃え尽き症候群に陥りやすい。きつい日程で試験勉強に打ち込んでいた緊張が解けるからだ。そんなときは、知識を頭に詰め込むよりも、内部に積もったストレスを発散させたほうがいい。そうやって一息ついて余裕を取り戻せば、再び新しいエネルギーをためることができる。

　私は子どもが学期を終えるたびに、充電の機会を作ってあげてい

た。教会に通っていたわが子たちは、冬には林間学習、夏にはメキシコへ短期宣教に行った。冬の林間学習では家を離れるので、それだけで息抜きになる。子どもたちはそこでコリアン・アメリカンという共通点を持った友達に会い、お互いの姿に自分を発見したりした。白人中心の学校では必然的にマイノリティーになってしまう子どもたちは、学校で感じる思いや苦労を共有できる友達がいるということに気づくことができた。移民一世の親が背負っているもののほうがより大きく重いことを知っている子どもたちは、自分たちのしんどさを親に打ち明けるより、ほとんど自分で乗り越える努力をしてきた。同じような心の重荷を抱えた子どもたちは、林間学習の期間中にお互い心強い力になり、新しいエネルギーをもらっていた。

　メキシコの集団農場での短期宣教は10年以上も続いた。そこでは、ほぼ放置されている子どもたちのために夏の聖書学校と医療宣教活動を行った。そういう子どもを見ると、世界にはさまざまな環境ごとに違った困難を抱えて生きる人々がいることを実感する。こうして子どもたちはアメリカとメキシコの国境をまたぎながら、新しいエネルギーをもらい、自分の今後の生き方を考える機会を得てきた。

## 6. 子どもの共感能力

　教育学者によれば、子どもの共感能力は親から学ぶものだという。親がどのように世界を見つめ、他人とどう関係を結ぶのかが、子どもにそのまま影響を与えるのだ。だから私たち夫婦は娘たちの見本になるため、人と円滑な関係を作り、広い心を持って一貫性のある行動をしようと努めてきた。行動で示すことで、子どもたちが正しい人間に育ってくれると思ったからだ。

長女のヘミンは、幼いうちから社会性に富み、友達付き合いもうまく、相手の立場に立って状況を理解する洞察力も並はずれていた。外国の宣教地に行ったときも、言葉の通じない現地の子たちとすぐに仲良くなれた。ヘミンの通った高校は、ヒスパニック、アフリカ系、ユダヤ人、少数のアジア人まで、多様な人種が集まる学校だった。そこで少数派の韓国人がリーダーシップを発揮することはかなり大変で、友達の心を理解して真の友情を築かなくては難しいことだ。ヘミンには、==違いを超越して仲間をうまくまとめ上げる、すばらしい能力があった。==そのおかげで、他人種の友達同士でも関係を調整し、仲を深める役割をうまくこなし、先生と生徒の架け橋となった。

　先生にも認められ、友達からも人気だったヘミンのリーダーシップが証明されたのは、選挙によって自治会の会長に選ばれたことだった。自治会の赤いユニフォームを着るだけでも胸を張れるこの高校の自治会は、全校生徒を率いて学校行事やボランティア活動の旗振り役となった。その会長に選ばれるには、友達や後輩、先生とも良好な関係を築く必要があるため、相当に難しいことだ。アメリカの大学は、そんなリーダーシップのある人材を求めている。リーダーシップに優れた学生が集まれば、彼らの持つ共感能力によって大学コミュニティーが強い絆（きずな）で結ばれることをよく知っているからだ。

　うちの子たちの共感能力がどこから来たものか考えてみると、一番は家庭環境だろう。共感とは、相手を理解し尊重することなので、自分だけの世界に閉じこもっている人には他人の気持ちを理解することができない。しかし、最初から優れた共感能力を持つ子はいない。私

の経験からすると、==共感能力を伸ばすには多くの人と関係を結ぶ必要がある。==そういう面から、わが家は共感能力を学ぶには最適な環境だった。まず、家族が多い。5人が狭い空間でぶつかりながら住んでいると、大小さまざまなもめ事が生じる。そんなときに大事なのが、==お互いあきらめずに、相手の考えを理解し、自分の考えを理解してもらえるまで、フィードバックをすること==だ。

　==傾聴、質問、返答という一連のフィードバックをするときに最も重要なことは、相手を尊重すること==だ。うちの子どもたちは、そのことを夫を通して学んだ。牧師である夫は、教会の仕事に没頭するあまり、子どものことがおろそかになることがたまにあった。まかり間違えれば、子どもが誤解したり悲しんだりするかもしれないのに、その都度夫は自分の今の状況と教会の仕事に没頭しないといけない理由を説明し、子どもたちのフィードバックに耳を傾けた。

　教会のことで夫をサポートしながら3人の子を育てるとき、一番大変だったのは、夫婦の時間が絶対的に足りない点だ。子どもが1人ならまだしも、3人の面倒を同時に見るのは不可能だった。うちの子たちは誰かから「お母さんは誰が一番好きなの？」と聞かれると、3人とも迷わず「私」と答える。そう言えるのは、自分がいつも母親と一緒にいたように感じているからだ。それは、いつも近くにいたというより、子どもが母親を必要としたときに必ずそばにいて、子どもの訴えに共感したという意味だ。そのおかげでわが子たちも共感する方法を学べたのだと思う。

　長女のヘミンが学生寮で暮らしていたときのあだ名は「ヘミンママ」だったが、面白いことに末っ子のヘソンも大学時代のあだ名が「ヘソンママ」だったという。それだけ友達が必要なときに一緒にいて、安

心させてあげていたのだろう。このように家族や友達、出会った人々に共感してあげることは、自分自身も幸せに生きられる方法なのだ。

# 05 応援する人：
# 親の絶対的な支持が、
# 肯定的な自我を作る

## 子どもは褒められることで自信がつく

「大丈夫だよ。あなたならできるから。ママとパパは信じてるよ！」
　わが子のなかでこの言葉を一番たくさん聞いたのは、長女のヘミンだ。私たちがアメリカに来て間もない頃、ヘミンが毎朝登校するときとベッドに入る前に、何度もこう言い聞かせた。私たち夫婦が信じ続けたおかげか、ヘミンはいつも勇気と自信に満ちていた。私たちは命の危険がない限り、何でも子ども自身にやらせて、勇気が出るようにそばで応援した。そんな私たちにとって、忘れられない出来事が1つある。

　ケンタッキー州レキシントンに住んでいたとき、ヘミンは小学3年生だった。教会の集まりで、ある信者の夫が船に乗ろうと私たちに提案した。その夫というのはアメリカ人で、韓国から来た牧師とその家族に新しい経験をさせてあげたかったのだろう。船には全員は乗れず、私たち夫婦と大人数人が乗り込んだ。それから数時間後に戻って

くると、ヘミンがすぐさま私に駆け寄り抱きついた。ヘミンは大きな過ちでもやらかしたように私の顔色をうかがいながら、もじもじと心配そうな顔をするばかりだった。

わけがわからない私は、子どもたちを見ていてくれた人に一部始終を聞いた。他の子たちと一緒にプールに行ったヘミンは、泳げないので浮き輪につかまって遊んでいたのだが、友達から「ヘミンは泳げないから飛び込みもできないね！」とからかわれたのだそうだ。言われたほうのヘミンは、負けず嫌いが高じて、その子たちのあとを追ってプールに飛び込んだというのだ。もちろんたちまち溺れそうになり、幸いそれを見ていた監視員に助けられた。泳げもしないのにどうして深いところで飛び込んだのかと監視員に怒られて落ち込んでいたヘミンが、ちょうど戻ってきた私を見つけて駆け寄ってきたのだった。脅えるヘミンを抱きしめ、「ママがそばにいてあげられなくてごめんね」と謝った。それから、できると思ったのは間違いではないし、泳ぎはこれから習えばいいから、と慰めた。

この事件は大ごとにならなかったとはいえ、事故と紙一重の危険な出来事だったのは間違いない。しかし、ヘミンはそれだけ自信があり、自分を価値ある人間だと考えていたからこそ、いきなり飛び込むようなことをしたのだろう。そうなるまでには、親との関係が大きく関わっている。私たち夫婦はヘミンの意志と情熱を信頼しており、ヘミンも親の言うことを全面的に信じていた。親子のこうした信頼関係の積み重ねのおかげで、ヘミンはこの世の中も信じることができた。世界を肯定的に見ているからこそ、何にでも挑戦できるようになったわけだ。

親ができる最善・最高の行動は、あくまで子どもを信じて、応援す

ることだ。子どもは親から応援され、褒められた経験を土台に、世界へと羽ばたく勇気と力を手にするのだ。

## 褒められて育った子は、何事もあきらめない

　末っ子のヘソンは姉たちとは違い、少々ひ弱な性格だった。末っ子で、私たちも年をとってからの子だったため、姉たちのように強くは育てられなかったのだ。そんなヘソンに自信をつけさせ、主体的に行動できるように背中を押してあげる方法はないだろうか。考えた末、「連邦議会賞（Congressional Award）」に応募することを思いついた。若者のボランティア精神、創意的なチャレンジ意識、健康な体、健全な市民意識を育てることを目標とする連邦議会賞は、社会奉仕、自己啓発、身体鍛錬、探検の４つの分野に挑戦して一定の基準を満たせば、分野別の条件に従って金、銀、銅メダルが授与される。ヘソンがこのプログラムのすべての分野にパスできれば、かなり自信がつきそうだ。これまで苦労せずに育ってはきたが、ボランティア活動をコツコツ続けてきたヘソンなら、十分に達成可能な課題だった。

　真面目にやればやり遂げられる３つの分野とは違い、探検の分野はまったく新しいことに挑戦しないといけないので、それが問題だった。ヘソンは探検のテーマと目標設定に頭を悩ませていた。私と家族は、挫けそうになったヘソンを応援し続けた。他の課題は立派にやり遂げたから、あとは探検の課題だけ頑張ればいいと声をかけた。実は、ヘソンの悩みには現実的な制約も関係していた。遠いところに行くには経済的に負担がかかる上、未成年者には必ず成人の保護者が同行しないといけなかったのだ。しかし、家族全員で気にかけて応援したおか

げで、すべての制約を乗り越えられる探検の方法を見つけた。それは都市探検だった。

　以前、ヘソンが初めてニューヨークに行ったとき、随所に張りめぐらされた地下鉄やバスなどの公共交通機関を見て、同じアメリカなのにまったく違うところに来たみたいだと言っていた。その記憶をもとに、車を使わず公共交通機関と徒歩だけで4泊5日のロサンゼルス（LA）探検をするという計画を立てた。大衆的な交通網が整備されているアメリカ東部なら車なしの生活でも困ることはないが、西部は違う。LAの場合、公共交通機関が貧弱なので、車がないと非常に不便だ。そのため、公共交通機関はLAにおいて貧困層が主に利用するものだった。不便な上、一般的でないため、LAに何十年も暮らしながら一度もバスに乗ったことのない人もいるほどだ。実は私自身、ヘソンのチャレンジに付き添って、初めてLAのバスに乗ることになった。

　この探検では、バス停を探して20〜30分は歩かないといけないこともざらだった。車なら30分で行ける場所に、何台ものバスを乗り継ぎ、2時間以上かかったこともある。探検の期間中は家以外の場所で過ごさねばならないというルールを守るため、ヘソンはコリアンタウンのサウナで寝泊まりした。そんな状況なので、公共交通機関だけでLAを探検するのには、危険が伴った。あるときは宿泊場所に移動するため夜遅くにバスに乗ったが、女性はもちろんアジア系の乗客は1人も乗っておらず、心配になったこともあった。

　しかし、これはほとんどのアメリカ人がやったことのないユニークな計画だったので、かなり面白かった。==5日間の探検を終えたヘソンは地図が読めるようになり、車で移動するときは気にも留めなかった==

道路名も覚えた。そのおかげで、計画と実行の過程を綴った迫力あるエッセイが完成し、努力が認められ、上院議員から奉仕賞の金メダルも授与された。

　5日間の日程を計画し、都市の各所を探検することは、多くの人のサポートがなければ完走できなかっただろう。周りに応援してくれる人がいるという事実は、私たちの小さな巨人たちがあきらめそうになったとき、再び立ち上がるための原動力になる。

# 06
# 解説する人：
# 子どもの夢を一緒に設計し、具体化させる

## 子どもの夢を制限しない

　子どもたちは、自分だけの夢を見る。まだ現実のなかで叶えられていないからこそ、見ることができるのが夢だ。子どもが夢を持ったら、それが何であれ受け入れてあげよう。親だって、自分が幼かった頃はさまざまな夢を見ただろう。誰だって一度は、「大きくなったら何になりたい？」と質問されただろう。この質問に対する答えは、大統領、裁判官、検事、医師、芸能人、先生、スポーツ選手……といったところだろうか。だが、最近の子どもに将来の夢を聞いたら、ビルのオーナーと答えた、という話を聞いた。これがどうか冗談であってほしい。

　幼い頃に夢見ることは、極めて正常なことだ。夢と想像の翼を広げられるということは、それだけ自発的で、創意的で、意欲にあふれているということだ。そんなふうに夢に満ちていた子どもが思春期になって急に「将来何をしたらいいかわからない」と言ってきたら、親

のほうも戸惑ってしまう。心配になって、本当にやりたいことがないのか、それとも他の理由があるのか、子どもの内心が気になるものだ。もしかしたら、思春期に入って自分の能力には限界があるという、現実的な考え方をするようになったのかもしれない。だとすれば、これまでの夢をあきらめたり、夢が変わったりする時期を迎えているのかもしれない。

　子どもがそう考えるようになったとき、親は「子どものうちの夢はどうせ適当だから」などと言っては、絶対にいけない。現実がどうであれ、それに照らして未来の夢を制限してはならない。子どもの意欲を削ぐような言動は、断じてしてはならないということだ。

　それよりもさらによくない、最悪の言葉は、「それはお金にならない」だ。夢は億万の大金があっても買えないものだ。そんな貴重なものとお金という現実的な価値とを比べたら、子どもは夢を捨てて現実のなかに留まるしかなくなる。夢を捨てた子どもが、どれだけ幸せになれるだろうか？　夢に見た自分になろうと生きるのではなく、ただお金を稼ぐために生きることは、どれほど悲惨なことだろうか。子どものなかの巨人は、親の期待を食べて育つものだ。親の期待が大きく、深く、広いほど、子どもはより大きく成長するのだ。

## 子どもの夢は経験によって明確になる

　実際、子どもが夢を育てる過程を見守っていると、ぼんやりしているところも多い。では、どうすれば子どもがあきらめずに夢を育て、叶えるように手助けできるのだろうか？

　子どもの夢は、一朝一夕に叶ったりはしない。夢を叶えるには、具

体的な計画を立て、それを達成するための現実的な努力が必要とされる。この過程を1つずつこなしていけば、夢が叶う。ここで夢の解説者である親の役割は、子どもの夢を実現するための過程を調べ、その過程をうまくこなせるように手助けすることだ。==自分の夢のために何をすべきかを解説してあげると、子どもの大きな力になる。夢の解説者である親は、子どもが夢を実現できるよう、今できることのリストアップに手を貸すべき==だ。

　私は教会と地域コミュニティーの教育ボランティアをしてきたおかげで、多くの子どもと親御さんたちに出会った。うちの娘たちの成功をよく知っている方たちは、しばしば私に教育に関するアドバイスを求めてくる。「うちの子は医者になるのが夢なんですが、今何をするべきでしょうか」「子どもがデザイナーになりたがっているのですが、どうすればいいでしょうか」というように、子どもの夢に合わせて今何をすべきかと尋ねる質問が一番多かった。低学年の場合、すべての分野で満遍なく力を持てるように、一般的なアドバイスをした。一方、高校生くらいなら現実的な計画と実現可能なアイデアを考えることが役に立つ。私はこういう会話をするのが楽しかった。子どもを通じていろいろな夢を見られるからだ。そんな会話から、記憶に残っているものをいくつか紹介しよう。

　これから美術を学んで芸術家になりたいというその子は、韓国人学校で補助教師のボランティアをしていた。私はその子の現在の状況に合わせて、初めて韓国語を学ぶ子どもがより簡単に理解できるよう、絵を描いて副教材を作ってみることを提案した。

また別の子は、コンピューター工学と音楽を同時に専攻したいという希望を持っていた。その子は国内外の音楽関連の大会での受賞歴があった。私はこの子に、今自分がやっている音楽関連の活動や受賞歴などを写真とともに紹介するウェブサイトを作ってみたらどうかと勧めた。そうすれば、音楽関連のボランティアが必要な団体などとつながりを持てるかもしれないからだ。同時に、新型コロナウイルス感染症関連のデータ分析をしている教授を探して、そこでインターンシップをしてみることも提案した。

　医療機関で働きたいという子もいた。これまでその子はメキシコの短期宣教で子ども聖書学校のボランティアをやっていたのだが、病人を思いやる気持ちが強かったので、救急処置ボックスを作るプロジェクトを始めてみるよう促した。その子は実際に地域住民に衛生教育を施し、軟膏、消毒薬、絆創膏(ばんそうこう)などの常備薬を集めて自分で救急箱を作って配布した。この試みはその後、毎回の短期宣教の固定プロジェクトとなった。

　ここで紹介したような子どもたちは、夢への階段を一段ずつ上る途中で、非常に多くの経験を積む。==そのとき親は、子どもが夢に向かって進めるよう具体的なサポートをし、さまざまな経験を積むための手助けをしてあげよう。==そうして一段ずつ階段を上りきった子どもは、自分の夢は叶わない幻ではなく、現実になるのだという達成感の喜びとともに、人助けもできるというもう1つの喜びも同時に味わうことができるのだ。

# 07
# 幸せを与える人：
# 子どもが幸せになる瞬間を
# キャッチしよう

## 子どもは親へのプレゼント

　子育てをする際に、一度は必ず振り返るべきことがある。目の前にいる子どもを育てるのではなく、心のなかに描いた子どもを育ててはいないだろうか。自分の子がよその子のようになると信じて育児をすれば、子どもはどう育つだろうか。子どもの立場からしたら、親がいるのにいないように感じないだろうか。もしそうなら、それほど不幸なことはないだろう。他の子と比べるのではなく、わが子だけの特性を尊重し、よく理解しながら誠意を尽くして育てれば、それだけでも幸せな育児になるはずだ。

　親であれば、自分の子どもに全神経を注ぎ、子どもの可能性を発見することに努めるべきだ。すべての子は、本人だけの才能を持って生まれてくる。子どもは親へのプレゼントのようなものだ。プレゼントとしてもらったものなのに、それが気に入るとか気に入らないとか不満を言っても仕方ないし、言うべきではない。親がもらったプレゼン

トは、誰のものとも違う。この地に来た子どもたちは、いずれも最高の子どもだ。それを認めて初めて、わが子のユニークさが見えてくる。わが子の個性、才能、特別さを発見するとき、親は子どものなかに隠れた巨人に会える。よその子が「龍」だとすれば、自分の子は「まだ小川で天に昇るのを待つ蛇」だ。よその子が「宝石」だとすれば、自分の子は「発見されるのを待つ土のなかに埋もれた原石」だ。こう考えれば、子どものなかの巨人を呼び覚ますことができる。指の爪よりも小さな種を見て、この種が育てば大樹になると信じるのだ。すべての子どもは巨人になる可能性を持って生まれるからだ。

## 子どもはこんなときに没頭し、幸せを感じる

　幸せそうな子どもの姿を見て、親は喜びとやりがいを感じるものだ。では、子どもはいつ幸せを感じるのだろうか。それは好きなことをするときだ。本のストーリーにのめり込むとき、時間を忘れてパズルに熱中しているとき、ブロックでロボットを組み立てているとき、運動しながら汗を流すとき、空想を絵に描くとき、楽しい音楽でダンスをするとき、子どもは幸せを感じる。

　最近、早期教育が流行っているという。いや、年々過剰になっている気がする。しかし、子どものための真の早期教育は、母親と一緒に行うだけで十分だ。母親ほど子どもをよく理解し、心から幸せにしてあげられる存在が、他にいるだろうか。母親には専門的な知識がないから、幼いうちに教育専門家に預けるべきだって？　教育専門家の専門的なプログラムは、果たして子どもを幸せにできるだろうか。

　お金を受け取って仕事をする人は、その仕事で成果を出さないといけないため、子どもの幸せよりも外から見える結果に重点を置きがち

だ。しかし、親はわが子の幸せを一番大事に思っている。どんなにすばらしい早期教育のプログラムでも、平凡な日常生活のなかで母親と一緒に好きなことを学ぶ時間には勝てない。最初の発見者である親は、子どもの幸せを通して子どもの才能を発見するのだ。

　末っ子のヘソンは、幼い頃から自然が大好きだった。特に生き物に強い関心を持ち、何でも手で触って確かめることが好きだった。読む本のジャンルも、姉たちとは違った。姉たちは素敵な挿絵があっても、図鑑類には特に興味を示さなかった。
　こうして、動物が登場するお話の絵本から始まったヘソンの興味は、動物と植物の図鑑へと移っていった。ヘソンが読むのは、小さな昆虫から大きな動物、植物、魚類まで、自然に関する本が主だった。
　アメリカの小学校では毎月、本や雑誌を推薦してくれる。あるとき、そのリストを見たヘソンが、自然科学の雑誌を買ってくれとせがんできた。ヘソンにとっては、自然を愛することイコール幸せだった。そんな子に対して親としてできるのは、好きなことを一緒にしてあげることだ。

　アメリカでは週末になると、不用品を集めて家の前やガレージでフリーマーケットを開く。フリーマーケットには、ささやかなものを見て回る楽しさがある。なかでも私が探して買ったのは、子ども向けの本だった。図書館で借りてもいいが、好きな本を買っておき、何度も読み返せる喜びはまた格別だからだ。3人の子どもたちが読む本をすべて書店で買うのは、留学生活の身にはかなり厳しかった。特にヘソンが好きな動物図鑑などは、厚くて絵や写真も多いため、比較的高価だ。育ち盛りの子どものいる家庭では百科事典や図鑑をそろえてある

ことが多いが、それほど読まれないで新品同様のものがフリーマーケットに出されていることがよくある。子どもが大きくなった家では、その手の本は場所をとるので、かなり安く売られていた。運よく動物の百科全集が出されているのを見つけ、1冊分の値段で全巻を購入できたときもあった。よい本を買えた日などは、娘3人がそろって好きな本を読んでいて、家がしんとなっていたことを思い出す。夢中で本を読む子どもたちの顔は、実に幸せそうだった。

このように、高いお金を払って早期教育プログラムに通わせなくても、日常で十分に学び、幸せを味わえるのだ。もし先生が選んだ本を読まされていたら、宿題のように思えて読書を楽しめなかったかもしれない。どっぷり本に没頭する喜びを奪われていたことだろう。

## 子どもは幸せを食べて育つ

もし子どもの可能性を発見できないとしたら、それは親の実力不足のせいだ。子どもを育てる親の動機が潔白でなければ、子どもの輝きは発見できない。子どもへの欲を捨てれば、本当の子どもの姿が見えてくる。子どもは親の人生の報酬ではあるが、叶えられなかった親の夢を代わりに叶えてくれる存在ではない。他の問題では常識的なよい人が、いざ子育てのことになると理性と常識をことごとく無視することもある。親がこのような心構えでは、子どものなかの巨人を見つけることはできないだろう。

また、教育の目標が子どもの幸せに置かれていない場合も、同じことが起きる。子どもは自分が好きなことをして、そこから幸せを感じてこそ、熱中できるようになる。好きなことを一生懸命やっていれば、

自然と成果もついてきて、最終的に巨人へと成長するのだ。このような心構えの親に出会えた子どもたちは、自分で自分の幸せなストーリーを作っていく。自分の人生の主人公になるのだ。

　私は３人の子を育てながら、それぞれの独自の性格と個性を把握するよう努めた。そして各人がそれに従って一種のテーマを持ち、自分だけのストーリーを書き上げるよう願った。長女ヘミンには、平和を愛し、世代・文化・地域・民族間の葛藤を解決し、平和な世界を作る巨人になってもらいたかった。次女ヘウンには、創造性を持って、社会のなかで新しいものを作る役割を果たしてもらいたかった。末っ子ヘソンには、生命を愛し、生きとし生けるすべての存在を大切にする人間になってもらいたかった。
　私は今も、子どもたちが各自のテーマのなかで、持ち前の才能によって人によい影響を与え、自分の道を進んで行くことを願っている。小川のなかの龍のように、土に埋もれた原石のように、今はまだ小さな種にすぎなくても、すくすくと育って自分たちの夢を大きく広げる巨人になるよう期待している。

Part **2**

# 子どもの人生の地図を一緒に描こう

: 幼児期（4歳〜7歳）

## 01
# 子どもからのサインに
# 注意深く反応しよう

### 子どもとのコミュニケーションにも練習が必要だ

　長女のヘミンはよく泣く子だった。夜通し眠らずに泣くこともよくあり、救急センターに行ったこともある。もちろん高熱などの症状はないので、これといった処置を受けずに家に帰ったものだ。あるときなどは、小児科の救急センターに電話すると、新米ママが困っていると思われたのか、「温かい砂糖水を飲ませてから寝かせてみてください」と言われた。きっと私のような母親たちの切羽詰まった電話を、数え切れないほど受けてきたのだろう。

　「いったい、どうして泣いてるの？　痛いから？　お腹が空いているから？　寂しくて？　でもなければ、何が欲しいの？」

　新米ママだった私は、いつもこんなふうに自問自答していた。この問いに対する私の答えはこれだ。「子どもの泣き声は、子どもの言葉だ」。そう思ったら、子どもが泣いているのを手をこまねいて見ている

わけにいかなくなった。だから、子どもが泣くたびに、いちいち反応していた。子どもの泣き声は多様な反応・意見であり、人間として注目されたいという本能的な行動なのだ。

　もちろん、日常生活でこれに毎回応えてあげるのは簡単ではなかった。第一、泣き声はうるさいし、やっていたことが中断され、集中もできない。周囲の人々からは、子どもが泣くたびに抱っこをすると癖になるから放っておけと助言された。母親の体がもたないから、あまり敏感に反応するなと言うのだ。一理ある話だし、育児の先輩のノウハウだったとも言える。

　しかし、子どもの泣き声は言葉だと考えるようになってからは、一生懸命話しかけてくる子どもを無視したまま、他のことに集中したり休んだりはできなくなった。それで子どもが泣くたびに反応し、言葉をかけるようになった。「お腹すいたの？」「怒ってるんだね」「寒いの？」「退屈なの？」「抱っこしてあげようか」「ママも疲れたよ」「あ、うんちしたんだ！　気持ち悪かったでしょう」「どうして泣いてるのか、ママはわからないよ。教えて」のように、新生児にかける言葉ではないかもしれないが、こうしていろいろ反応しながらどうして泣いているのか考え、コミュニケーションを数え切れないほど繰り返した。

## 泣くのは子どもの会話方法だ

　こうして子どもを育てながら気づいた重要な事実は、子どもの泣き声に反応して会話しようとすることは、まさに親子のコミュニケーションに他ならないという点だ。このような経験をさせることで、子どもの聴覚と視覚はぐんと成長する。子どもは母親の反応を耳で繰り

返し聞くことで、知覚能力を発達させるからだ。言葉は話せなくても、子どもも考えることはできる。だから笑ったり泣いたりするのだ。そうやって表現される子どもの考えを言葉に直し、フィードバックしてあげることは、母親から子どもへの最高のプレゼントに他ならない。

　子どもの泣き声に反応してあげることが重要な理由は、もう1つある。長女のヘミンはよく泣くだけでなく、私からいっときも離れようとしなかった。今思えば、新米ママだった私にとって一番大変だったことはこれだった。ふつう女性は第一子を産むまで、自分がそれまでどれほど自由だったかを実感できない。最初の子を産み、子どもに時間的・肉体的自由をすべて奪われると、やっとその自由がどれほど貴重なものだったかに気づくのだ。少しでも目を離せば泣いていたヘミンは、生後8カ月になるまで母親べったりだった。おとなしく座っていると思いきや、いきなり泣き始め、抱っこおんぶを繰り返すしかなかった。そうして8カ月が過ぎた頃、立つようになり、間もなく歩き始めた。

　ヘミンが私から離れるようになり、本当に助かった。それまでは「いつまでこれが続くのか……」と思いながら、母親として生きることがとてもつらく思えた。また、「私が構いすぎて、ヘミンがあまりに依存的な子になったらどうしよう？」と心配になったのも事実だ。しかし思い返せば、自由を奪われて肉体的にもしんどかったけれども、一番必要な時期に一番必要なことを子どもに惜しみなく、後悔なく与えられた気がして、自分を褒めてあげたくなった。

## 安心感が自立した子どもを作る

　子どもは泣くことで母親とコミュニケーションを取り、母親とくっついているときに安心感を覚える。体の触れ合いは心に安定と満足感をもたらし、大人になってからの人間関係にプラスの影響を与える。**母親が子どもを撫でたりあやしてあげたりすることは、子どもの安心感につながるが、これは自我を確立し、どんな人に育つかということに非常に大きく影響する。**子どもが自立できなかったらどうしようというのは、よけいな心配にすぎなかったのだ。たっぷりと愛され、安心感のなかで育てば、しっかりと自立した人に成長することを、私は子どもたちを見て確認することができた。長女ヘミンから三女ヘソンまで、うちの子は皆、幼いうちにしっかり安心感を経験し、そのおかげで自立した子どもに成長したのだ。

　長女のヘミンは5歳でアメリカに渡り、幼稚園に1年通い小学校に入学した。1年生になって半年ほどした頃、先生に学校に来るよう呼び出された。私はなぜ呼ばれたのかわからず、恐る恐る学校に行ってみると、ヘミンのことで会議を開くのだという。当時、ヘミンは自分のカウンセラーであり前年に一緒に勉強したESL[*]の先生に、「今やっている勉強はつまらないので、もっと難しくて面白いことがやりたい」と相談したため、その問題をめぐって会議が開かれることになったのだ。
　問題を自主的に解決していこうとする娘の大胆な姿勢に、私は驚き

---

[*]　English as a Second Language の略。英語圏以外から来た子どものための英語のクラス。

ながらも感謝の念が湧いてきた。このような自信と自立した思考は、幼い頃に母親からひとときも離れず、泣き声で自分を表現する子どもに対して、我慢強く接したことへのごほうびではないかと思った。

　その後もヘミンは、成長とともに自立した主体的な姿を見せてくれた。ヘウンとヘソンも、お姉ちゃんのように主体的で自立的に育った。子どもたちは高校に入学するとさらに活動領域を広げ、より自立的になった。こうして３人の娘たちは親の限界を超えて、見知らぬ国に行ったり、他文化を積極的に経験したり、新たな言語を学んだりと、オープンな考え方で新しいことに挑戦している。

# 02 子どもに自分だけの
# 美しさに気づかせよう

## 違うから美しい

　わが家のアメリカ生活は、ケンタッキー州の小さな田舎町から始まった。ケンタッキーと聞いて初めに連想するのはきっと「ケンタッキーフライドチキン」だろう。KFC発祥の地だ。有名な都市にルイヴィルがあり、1時間半ほど行くとレキシントンだ。そこからさらにハイウェイで30分ほど走ると、南珍の歌「あなたと一緒に」の歌詞に出てくる「あの青い草原の上に絵のような家を建て」を彷彿とさせる風景が目の前に広がる。その青く広がる芝の上で、有名なケンタッキーの馬たちが映画の一場面のように駆け回る。そんな草原を過ぎると、ウィルモアという田舎町に辿り着く。夫は、そこにあるアズベリーという神学校に留学した。

　ヘミンはアメリカに着いた次の日から幼稚園に入った。幼稚園の初

---

＊　1946年生まれの韓国の歌手。1965年にデビューし、1970年代に全盛期を迎えたが、現在も現役で活動している。持ち歌はトロット（韓国演歌）からロックンロールまで幅広い。

Part 2　子どもの人生の地図を一緒に描こう：幼児期（4歳〜7歳）

日、スクールバスのバス停に行くと、そこには黒い肌をした健康そうな女の子がいた。エナという子だった。ヘミンはエナを見るやいなや、笑顔でぎゅっと抱きついた。エナはもちろん、私もびっくりした。東洋人の女の子が思い切り感情をむき出しにしたことに圧倒されているようだった。

のちに知ったことだが、エナもここに留学に来た両親について、ケニアから来たのだった。彼女は英語を早くマスターしたため、現地の子のようにアメリカに来たばかりで英語ができない友達をからかったり、いじめたりしていたそうだ。そうやってエナにいじめられた子が何人かいた。そんなエナはヘミンと初めて出会って驚いたようだったが、それは2人がベストフレンドになる始まりでもあった。

遠くアジアからやってきた東洋人の子と、同じく遠いアフリカから来た子が抱きしめ合う光景を見ながら、ここがまさにアメリカなのだと思った。多くの白人の先生と、肌の色もさまざまな子どもたちが交じり合う姿が、とても美しく見えた。

## 名前を変えたからといって アメリカ人になれるのか

ある日、ヘミンが幼稚園でやってきたドリルを見ると、「ローズ」という名前が書いてあった。最初は他の子のものと間違えて持って帰ったのかと思いヘミンに聞いてみると、自分のものだと言う。「でも、どうしてローズなの？」と聞くと、「自分でアメリカの名前を付けたんだよ。先生も、私が好きな名前を使ってもいいって」と答えた。その瞬間、ハンマーで頭を殴られたような衝撃を受けた。

アメリカで過ごすうちに、「自分も友達のようにアメリカ人になりたい、名前を変えればアメリカ人のようになれる」とおさなごころに思ったのだろう。ローズという名は薔薇のように美しいけれど、「恵民」、つまり「恵みのある賢い民」という韓国らしさとキリスト教的なアイデンティティを兼ね備えた名前を捨ててまで、アメリカ式の名前を選ばないといけないのだろうか？

　私はそのとき、多くのローズのなかにあっても親が名付けた「ヘミン」の名前を守り、美しく輝かせてみせようと決心し、子どもにアイデンティティを守る大切さを教えようと思った。私の教育哲学で一番重要視することは、自分の子どもたちが他の子との違いを認めながら、1人ひとり違うことがどれほど美しく、よいことかを、自ら気づかせることだからだ。

　ヘミンが幼稚園に入園して半年も経たない頃、特技を披露するタレントショーの案内文を持って帰ってきた。ヘミンは勇敢にも、自分もステージに立ちたいと言う。一緒に留学していた韓国人の子たちは、誰も出ないというのに。それもそのはず、全園児と先生や親の前に立つのは、かなりの度胸が必要だろうからだ。
　その日、タレントショーが終わって帰宅したヘミンは、日記にこう書いた。

　「ママが、とても上手だったと褒めてくれて、ピアノの本を入れるバッグを買ってくれると言った。とてもうれしかった。次はもっと頑張って、ピアノを買ってもらおう！」

ヘミンはアメリカの小さな田舎町で、白い肌、青い目の聴衆たちの視線を一身に集めながら、華やかな韓服を着てステージに立った。楽譜も見ずに夢中でピアノを弾く、堂々とした東洋人の少女の姿を想像してみてほしい。当時、ヘミンは５歳。会場から湧き上がる拍手と驚きの目は、今も忘れられない。

# 03 嘘の代償の大きさを教えよう

## 嘘がもたらしたマクドナルド1年禁止

　マクドナルドはアメリカのファストフードの象徴だ。特にアメリカの子どもにとって、マクドナルドはなじみのある場所である。そこには子どもを誘惑するすべてが存在する。香ばしいポテトの匂いから甘いアイスクリームまで、子どもの心をギュッとつかんで離さない。アメリカで週末と言えば金曜の夜から日曜の昼までを指すが、特に土曜の朝は多くの人が外食をする。そのとき庶民がよく行くのがマクドナルドだ。子どもたちも幼いうちから、親に同行して訪れる機会が多い。

　留学生活をするうちの家族も例外ではなかった。娘たちにとってマクドナルドは、外食ができる唯一の場所であり、おもちゃのある遊び場だった。なかなかアメリカ文化になじめなかった私は、ハンバーガーが口に合わず、コーラやサイダーもそう好きではなかったが、適応が早い子どもたちはすぐに受け入れた。家では韓国料理ばかりだからか、マクドナルドに行く日は、それは幸せそうだった。

そんなある日、ジョージア州で開かれた牧師セミナーに家族全員で参加する機会があった。3泊4日の日程を終え、夫が8〜9時間ほど運転し、家に到着するまであと30分というところで「事件」は起きた。準備しておいたおやつはすでに底をついていたが、私たち夫婦はそれほど空腹ではなかった。だが、心配した夫が子どもたちにお腹が空いているか聞くと、長女ヘミンがうなずいた。そこで夫は、疲れてはいたが、マクドナルドに立ち寄るためにハンドルを切った。店に入ってヘミンが希望するハッピーセットを注文したが、ヘミンはお腹が空いていないからと言って、ハンバーガーを食べなかった。それを見た私たちは、すぐにピンときた。ヘミンはただ、ハッピーセットのおもちゃが欲しかっただけなのだ。おもちゃが手に入ったので、もう食べ物は要らなくなったわけだ。

　夫は車に戻ると、ヘミンに「何があっても嘘をつくのはよくないよ」と言い聞かせ、詳しく説明した。長いドライブで疲れていたから早く帰りたかったのに、お腹が空いたと言うからマクドナルドに寄ったのだ、それなのにおもちゃが欲しいからと嘘をついたのは大きな間違いだ、と叱りつけ、「嘘をついた罰として、これから1年はマクドナルドに行かない」と宣言した。私は内心、1年は長すぎないかと思ったけれど、止めることはせずに実行に移した。
　韓国スーパーと韓国レストランが一軒ずつしかない町で、1年間もマクドナルドに行けないとは。ヘミンが感じた絶望は、どれほど大きかったことだろうか。おもちゃ欲しさについた嘘の代償としては厳しすぎると思ったかもしれない。だが、==嘘をつけば必ず罰が伴うという事実は、頭に焼きついたことだろう。==

## しつけは一貫性が重要だ

　それからちょうど1年経った日、私たち家族はマクドナルドに行った。そのときの子どもたちの喜ぶ姿といったら、今も目に浮かぶ。1年の我慢は、子どもたちばかりか、私たち夫婦にとっても大変なことだった。貧しい留学生一家の私たちにとってマクドナルドは、外食しながら子どもたちを遊ばせ、気分転換できる唯一の場所だったからだ。それでも、親の言葉には一貫性が重要だ。いったん決めたことを、状況が変わったからと親自身がやめたり変更したりしたら、一番混乱するのはそれを見ている子どもたちだからだ。1年間マクドナルドに行かないと言ったなら、何があっても行ってはいけない。韓国から親が訪ねてきたとき、子どもたちを連れてマクドナルドに行こうと言われたが、それでも行かなかった。外で用事があって遅くなり、お腹が空いていても、家に帰ってからご飯を食べた。知り合いの家族と食事をして、マクドナルドでデザートを食べようと誘われても、丁重にお断りをして先に失礼するか、家に帰ってデザートを食べるよう提案した。それがどれほど面倒だったことか。子どもたちだけでなく、親も決まりを守るのは大変だった。

　ここでもう1つ大事なのは、夫婦のうち片方が内緒で約束を破ってもいけないということだ。時折、子どもが父親か母親のどちらか一方に、そっと助けを求めることもある。それでも親は団結して、決まりを守り通さねばならない。こうした一貫性を守ることで、子どもを混乱させることなく、他のルールも守らせるカギになるのだ。

# いくら大きな自由にも、柵は必ず必要なものだ

## 権威ある親になる

　長女と次女が幼年期を過ごしたケンタッキー州は、美しい草原のある田舎だった。広々した草原を、馬や牛が自由に走り回る姿がよく見られたものだ。しかし、広大な敷地にぽつりぽつりと家が建っているのを見て、その土地にも持ち主がいることを実感した。思う存分に自由を味わいながら、のんびりと草を食べている牛や馬も、野生ではなく誰かに飼われているのだということがわかった。というのも、草原を区切る柵があったからだ。動物たちが安心していられるのも、飼い主が作った柵に守られているからだろう。

　ある本で興味深い話を読んだ。放牧されている乳牛と、柵のなかで飼われている乳牛の、どちらからより多くの牛乳を搾れるだろうか？一見、放牧牛のように思われるが、実は柵のなかの乳牛のほうが、より多く牛乳を出すそうだ。乳牛も守られて安心して過ごすと、よりよい結果が出せるのだ。このように、子どもたちにもある程度の柵を

作ってあげることが重要だ。境界線があいまいだと、子どもたちは戸惑い、不安になってしまう。境界線を引いてあげることは子どもを守ることであり、自分の限度に気づかせることで自ら何をすべきか、何をするべきでないかを区分する指針ができる。親が引いた境界線のなかで、子どもたちはより幸せに成長し、より自由に大きくなれるのだ。私は誰が何と言おうと、この点については100％の確信を持っている。

どうやって子どもを3人ともハーバードに行かせたのかと聞かれたら、子どもたちに境界線を作ってあげたからだと答えるだろう。つまり、親として子どもが守るべきルールを作り、指針と限度を決めてあげた。ただ、これを決めて実践するには、親の権利をどの程度まで行使すべきかという範囲も明確にしないといけない。その範囲を定める元になるのは、親の教育哲学だ。これが子どもの教育にどれほど重要か、そして、いつか子どもが巣立つときに、どれほど大きな影響を与えるかは、いくら強調しても足りないだろう。

## 子どもにはまだ柵が必要だ

幼い頃から親の愛を独占し、何のルールや制裁もなく、やりたいように育ってきた人が、社会に出てからは成功できない例を、私たちはよく見てきた。逆に貧しい家庭環境で、親が子どもに目をかけてやれず、何の支援もないまま何でも自分で決めて育った場合も、望みの結果を成し遂げられるケースは少ない。どうしてだろうか。

垣根のなかでうまく育つのは、守られているという安心感のおかげでもあり、親が作った枠のなかで限度を理解し、適切な態度と姿勢を

学べるからだ。ルールという垣根、限度という枠がなければ、もっと自由で、創造的で効率的な人間になりそうなものだが、絶対にそうはならない。むしろ家庭で縛りを経験した子どもは、家を出て学校や職場などに行ったとき、自分の属する社会で望むものを手にできる人間に育つのだ。

　親がある枠組みやルールを作ったとき、子どもがそれを理解してくれることもあれば、ときには理解してくれないこともある。とにかく従順にそのルールのいい点を受け入れ、習慣として身につけ、いい結果を出すこともある。あるいは、自分の望むものを手にするため親と交渉をしたり、親のしつけを甘受しながら、より多くのことを手に入れたりもする。子どもはその過程で、上の世代とどう話し合うべきか、どうすれば欲しいものが手に入るのかを、自然に学んでいく。社会のなかで望むものを得るための訓練をしているのだ。また、コミュニケーション能力も向上するし、相手の意見を聞いて説得する技術も上達する。つまり、このような能力は生まれつきのものと言うより、親から学ぶ後天的な能力だと言える。

　では、何を基準に線を引けばいいのだろうか。明確な限度をどう決めるべきなのか。まず、親がしっかり考えるべきだ。親としての権威を賢く使い、はっきりした線を決めよう。そして、それを決めたら責任感を持たねばならない。子どもの成長のために重要だからだ。そうやって決めた基準を子どもに説明するときは、それが子どもの幸せを考えてのことであると伝えるべきだ。他人に配慮でき、礼儀正しく、道徳的な子を育てる道のりは、決して簡単ではない。しかし、それはすべての親ができることであり、親にとってこれほど重要でやりがいのあることはないだろう。

# 娘3人にお菓子を
# 2つだけ買った理由

## 常に満たされないようにする

　子どもが3人いるため、買い物にはよく行った。買い出しに行くと必ず子どものおやつも買っていたのだが、1つだけルールがあった。3人分のおやつは、2つだけ買うことだ。買い物から帰ってくると子どもたちは買い物カゴに飛びつくが、3人で2袋のお菓子を分け合う状況になる。そして、各自が少しでも多く食べようとして、厳しい駆け引きが始まるのだ。

「私が一番お姉ちゃんだから、一番多く食べるべきよ」
「何よ、育ち盛りの私が食べるべきでしょ」
「私、食べるのが遅くていつも少ししか食べられないから、今回は私がたくさん食べる」

　こんな具合で、大騒ぎになる。ついには誰か1人が泣き出すこともあった。いっそ3袋買っておけば、各自の分を部屋に持っていって食

べるだろう。そうすれば喧嘩になることもなく、家庭は平和になるのかもしれない。なのに、どうして2人分しか買わなかったのか。経済的に余裕がなかったから？　ぜいたくな暮らしはできなかったので、それも間違いではないが、お菓子も買えないほどの貧乏ではなかった。真の理由は、子どもには多少の不足を経験してほしかったからだ。

　何でも手に入るよりも少し足りないほうが、子どもにとっていい場合がある。限られた物を分け合う過程で、相手の立場を理解しないといけないことを学べるし、自分の立場を理解させるための理屈を考える機会にもなるからだ。足りないということは、逆に言えば未来への期待と欲求がある状況を意味する。

　不足を埋めようとしたとき、苦労せずに簡単に手に入れば、それで満足してしまう。反対に、努力して手に入れれば、自信と達成感を味わうことができる。幼い子が食事をするとき、親が食べさせるよりも自分で食べられるように見守るべきなのは、こういう理由からだ。さらに、常に残るほどの量を与えて腹いっぱいにさせるより、少し物足りないくらいの量にしておいたほうが、次の食事への期待が高まるだろう。服も着せてあげるより、自分で着るようにさせた。そして、あまり着ない服をたくさん買い与えるのではなく、我慢させて本当に気に入った服だけを買ってあげるようにした。

　趣味として楽器を始めたときも、同じルールを設けた。最初からよい楽器を買うのではなく、知り合いから譲ってもらったり、お手頃な練習用楽器を与えたりして、子ども自身がもっとよい楽器が欲しいと言ってくるまで待った。そうすれば、自分の楽器を大切にし、音楽を愛するようになるものだ。このように、子どもが欲しいと言わないの

に、親が出しゃばって先に買い与えることはなかった。食べ物であれおもちゃであれ、子どもは何の努力もなしに与えられたものには興味を示さない。あって当たり前としか思わないのだ。不足を感じ、それが満たされたとき、より大切に思うものだ。

　早期学習についても、それと同じではないだろうか。学校より先回りして知識を詰め込むのは、勉強への好奇心と意欲を削ぐだけだ。塾で難しい勉強をするより、学校の授業に集中させるほうがいい。自分よりできる子を見れば、自分に何が足りないかを考え、もっとできるようになりたいと思うものだ。受け身で勉強するのではなく、主体的に取り組み、もっと知りたいことは何かを自分から考えさせることが重要だ。やみくもに塾に行かせなくても、子どもの心に学習意欲さえ生まれれば、自分から勉強するようになるのだ。

## 「何をしないでおくべきか」を考える

　自分の子どもの1日の過ごし方を、一度じっくり観察してみよう。ひとときも休まずに、何かをしてはいないだろうか。おもちゃやゲームなど、遊ぶもので部屋があふれていると、子どもたちは暇になる時間がない。それは空白の時間がない、という意味だ。最近の子どもの1日は、YouTube、ゲームアプリ、パソコン、塾や家庭教師などで大忙しだ。子どもには、空白の時間も必要なものだ。暇になれば、自分が何がしたいのかを考えたり、さまざまな想像をしたり、本を読んだりするようになる。暇をつぶすだけの人工的なおもちゃなどで囲まれていると、子どもの年齢で経験できるはずのことを逃してしまう。

恵まれて欠乏を知らずに育った子にとって一番かわいそうなのは、欲望を抑えられずに成長し、自分で満足することができなくなることだ。自然主義的教育の思想家ルソーは、著書『エミール』で「子どもを不幸にする一番確実な方法は、いつでも何でも手に入れられるようにしてやることだ」と述べた。簡単に欲望が満たされる子どもは、欲しいものがどんどん増えていくばかりで、見るものすべてが欲しくなる人間になってしまう。すると最終的にどうなってしまうのか。親がしてやれることには限界がある。いつかは子どもの要求を断らないといけなくなるだろう。ところが、断られることに慣れていない子どもは、欲しいものが手に入らなかったことよりも、断られたという事実によって苦しむことになる。親が神様でもない限り、このような要求をどうやって満たしてやれるのかとルソーは言う。

　今の子どもは、欠乏という言葉を知らない。韓国でもアメリカでも、あふれんばかりの豊かさのなかで生きている。だから、自分から何かをしたいという欲が生まれないのだ。欠乏があってこそ動機が生まれ、動機があると原動力になり、何でも自分の力でやってみようという意志と、努力する気持ちが生まれる。この過程で達成感も味わえる。よって、子どもを育てる際には、ある程度の欠乏が必要だ。子どものために何をしてあげようかと考えるより、何をしないでおくべきかを考えるほうが賢明だ。私は親として、どうすればやってあげないですむのか、どうすれば子どもに苦労させることができるのかを真剣に考えた。
　だから、うちの子どもたちは、私から何かをもらおうとするなら、とても面倒だとわかっている。しっかりと論理立てて母親を説得し、妥協し、同意を得るために努力しないといけなかったからだ。

# 06 ルーツとアイデンティティが しっかりした子は 揺らがない

## 揺らぐことのない「基準」が必要だ

　幼いうちに韓国を離れたうちの娘たちにとって、自分のルーツを感じる機会は、年に一度アメリカに来てくれる祖父母との触れ合いだった。アメリカで最初の正月を迎えたとき、娘たちは韓国から持ってきた韓服で着飾り、近所の韓国人の家に新年の挨拶に行った。そのご近所さんは、子どもたちが新年の挨拶に来たことを殊勝に思い、お年玉をくれた。子どもたちも大喜びだった。

　私は子どもに、韓国人の大人に会ったときはしっかり頭を下げてきちんと挨拶するように教えてきた。うまくできるまで、何度も練習させた。また、韓国人の大人から何か聞かれたら韓国語で答えさせ、英語を使ったら叱った。それがわが家のルールだった。なかでも厳しくしつけたのは、長女のヘミンだ。カリフォルニアに引っ越したとき、韓人教会で大人たちと青少年の伝道師が私たちを出迎えてくれた。彼らは英語で挨拶をし、あれこれ質問してきたが、ヘミンはそれに韓国

語で答えたのだった。彼らは、私たちが田舎のケンタッキー州から来たため、ヘミンは韓国語ができないと思っていたようで、不思議がりながらも感心していた。ヘミンは今も、韓国人の大人たちが相手だと、いくら英語で話しかけられても英語が出てこないそうだ。それが習慣になったということだ。

　ヘミンは家族のなかで、最初に英語を身につけた子だ。アメリカに来てわずか３カ月で、もう適応できたから心配はいらないと親に言ってのけた。その姿を見て、やはり言語は文化のなかで直接ぶつかりながら学ぶものだと実感した。わが家では、アメリカ人とは英語で話し、韓国人とは韓国語で話すというルールを徹底した。こうした訓練のおかげで、娘たちは母国語を忘れず、人生を豊かにさせることができた。

　子どもが母国語を忘れないようにさせ、母国の文化を教えることは、親の重要な役目だ。そうした努力のおかげで、うちの子たちはアメリカ式の教育と母国式の教育を同時に受けられた。現実には、この２つのやり方がぶつかり合うこともあるが、そのときは親の役割がとても大切になる。子どもが混乱しないように２つの文化を調和させることはもちろん、両者の長所だけを生かしながら正しい価値観を身につけさせることが必要だからだ。

　あるとき、友達の家から帰ってきた子どもたちが、こう聞いてきた。
　「私たちは靴を脱いで家に入るのに、友達は靴を履いたままなんだよ。靴を履いたままベッドに上がる子もいるよ。どうして？」
　韓国とアメリカの文化の違いをよく知らない子どもにとって、そんな疑問を持つのも当然だろう。また、英語では姉でも妹でも皆「you」

と呼ぶ同等な関係にあるが、わが家ではそれを許さなかったため、きょうだいを仲裁し、理解させる必要があった。うちの家族の価値観では、家族内のメンバー個々人を尊重するよりも、上下関係のほうが優先されたからだ。このように大小の問題が持ち上がるたび、どうすれば賢明に解決できるかを考えながら、何とか乗り越えることができた。

## 家族の強い絆と信頼を見せる

　私は、子どもたちに母国を好きになってほしかった。そこで、共同体を重視して家族の上下関係をはっきりさせる韓国文化に親しめるよう努力してきた。個人の平等と自由を一番の価値とするアメリカの文化では、親子やきょうだいは対等な関係だ。お互いに「you」と呼び合う英語という言語が、それをよく表している。弟や妹が兄姉を尊重しないのはもちろん、年長のきょうだいも年下から尊重されたいとは特に思わない。

　だからこそ私は、娘たちが韓国的な家族の絆の深さを学ぶことで母国をもっと愛してくれればと思い、子どもたちが権威と各自の立場をしっかり認識できるよう教育した。姉を叱るときも、姉の権威を尊重し、妹たちのいないところで叱るようにした。また、妹たちが姉の権威をないがしろにするような言動をしたときは、きっぱり叱りつけた。このような扱いを受けて育ったヘミンは、長女としての立場を自覚し、どう行動すべきかを理解し、責任感ある娘となった。

　長女とは10歳違いの三女ヘソンがアメリカで生まれたとき、周りの

助けも得られず、子育てにずいぶん苦労したが、そのときはヘミンがよく私を支えてくれたものだ。今でもヘミンは、ヘソンのおむつを替えてあげた話をよくしている。

　親と同じほど妹たちのことを思い、責任感のあるヘミンに愛されて育ったヘウンとヘソンは、姉に対して人一倍の尊敬と愛情を抱いている。他のアメリカ家庭では見られないような特別な姉妹愛は、周囲に自慢したくなるほどだ。このような姉妹間の強い信頼と絆は、親の愛と犠牲を土台に培われたものだ。うちの子どもたちは、こうしてアメリカで韓国人として育つことができたのだ。

Part 3

# 今日の選択が
# 10年後の
# 未来を変える

：小学生の時期

# 遊びながら
# 自分で勉強するようになる
# 最高の方法

## 勉強の型は、小学生の時期に作られる

「ママ、私、work 全部やったよ！」

　ここで言う「work」とは勉強（study）のこと。やるべき勉強をすべて終えたという意味だ。今は慣れたが、初めてこれを聞いたときは、「仕事をやったって？　勉強してたんじゃないの？」と思った。大人は、勉強を仕事だと思っていない。だから、子どもにはきつい仕事をせずに生きられるよう、勉強をたくさんさせようと考えているのだ。しかし、実際には子どもたちの言う通り、勉強は仕事と変わらない。

　長女のヘミンが博士論文を書いていた頃、平日は朝8時に起きて夜9時まで勉強していた。そして週末は趣味や個人的な用事にあてていた。文字通り、勉強を仕事としていたのだ。それでも、楽しそうに過ごしていた。
　大学卒業後に日本で1年間働いたヘミンが、大学院に合格してこう

言った。

「ママ、自分が好きで勉強してるだけなのに、お金までくれるなんて、すごくラッキーじゃない？」

　当時、ヘミンが入学した修士・博士統合大学院課程は、学校職員と見なされていたため、学費免除はもちろん、寮費を含めた生活費まで支給されていた。そんなふうに、自分が楽しくてやっている勉強にお金を出してくれるというから、大喜びしていたのだ。

　実力を蓄え大きく成長するためには、勉強は絶対に必要だ。その基本を作るのに最適な時期は小学生の時期だ。他のことはともかく、勉強に関しては小学生のうちにすべてが決まると言っても過言ではない。うちの娘たちも、勉強の基礎をその時期に身につけた。では、どうすれば勉強ができるようになるのだろうか。答えは簡単だ。たくさん時間をかけて勉強すればいいだけだ。

　しばしば、SAT[*]の準備はいつからすればいいのかと聞かれることがある。小学生のうちに準備を終わらせるべきだと言うと、誰もが信じ難い顔をする。多くの高校生が、SATのために塾に通い、家庭教師をつけるなど、ほとんどの時間を勉強にあてている。中学生から塾に通う場合もある。

　だが、1つ押さえておくべき点は、高校時代は子どもが成長する過

---

[*] Scholastic Assessment Test。アメリカの高校生が受ける大学進学のための標準テスト。

程のなかで、小・中学校時代に見つけた才能を発揮し、それを深めて成果を出すべき時期だということだ。そんな大切な時期に受験勉強のために時間を無駄にし、他のことに使うべき情熱を浪費するのは、どれほどもったいないことか。小学校の時期こそ、勉強できる時間が有り余ってはいないだろうか？　しかし、どうすれば小学生がじっと座って勉強できるのだろうか？　活動的で創造力が育つこの時期に、座って勉強ばかりしていていいのだろうか？　さまざまな疑問が浮かぶだろう。結論から言うと、それは可能だ。だが、親の頭を切り替える必要がある。

## 読書は遊びながらする勉強

　小学生のうちは、遊ばせるべきだ。面白いことを存分に楽しまないといけない。面白いと思ったことはずっと続けられるし、やめろと言っても勝手にやる。親に隠れてしたりもする。ここに答えがある。**子どもが面白がってやることが、勉強になるようにすればいい。ただ面白いからやっていたら、実はそれが勉強だった——そんな状況を作ってやるのだ。**子どもの立場からすれば、面白いことを思う存分できるし、親の立場からすれば、子どもにストレスを与えずに勉強させられて、これほど幸せなことはない。わが子の場合で言えば、それは読書だった。

　では、どんなふうに本を読めば、勉強でなく遊びのように思えるのだろうか。宿題のように義務としてやらなくてはならないものだと思った瞬間、読書は勉強になってしまう。それでは絶対に本をたくさん読めない。学校の授業の延長線のように本を読むべきだというプ

レッシャーを、子どもに与えてはいけない。私は１日のノルマを決めたり罰を与えたりはしなかったし、本に出てきた知らない単語を調べさせるということもしなかった。わからなければわからないままにさせておいた。わざわざ覚えなくても、文脈のなかで自然とわかるようになるからだ。子どもたちは、大人がどんな意図で、どう勉強させようとしているのか、驚くほどよく察するものだ。母親が勉強させようと意図的に本を読ませれば、子どもは興味を失ってしまう。母親に言われれば本を読むが、それ以上の情熱や興味を示すことはない。

　高校生で特に勉強をしなくてもSATで一定レベル以上の点数を取り、順調に博士課程を終えるには、無理やり本を読ませるだけではどうにもならない。うちの子どもたちが何冊ほど本を読んだかわからないが、すでに小学校のときには図書館の子どもコーナーにある本をすべて読んだと言っても過言ではない。あれだけ多くの量は、誰かに読めと言われただけでは読めない。読書を遊びのように面白く感じていなければ無理だ。遊びのように、自主的に読もうとする情熱があったからこその話だ。娘たちは３人とも、読書を遊びのように楽しみ、いつでも、どこでも本を読んでいた。子どもたちの学校の先生も、うちの子たちが歩きながらも本を読んでいるのを見て、驚いていた。

　**遊びのように読書させるには、まずは環境作りが重要だ。子どもたちの周りにおもちゃのように本を置いておく。寝室、リビング、キッチン、トイレ、車のなかまで、どこでも本が目に入り、サッと手に取れるようにしておこう。また、親を含めた家族全員が、自然に本を読むようにしよう。本は子どもだけのものではないという雰囲気が大切だ。**

では、いつから本を読ませたらいいだろうか。答えは、生まれてからだ。文字を覚えるまでの時期は、読み聞かせをしよう。このとき重要なのは、とにかく量をたくさん読むことだ。そのためには時間を決め、その時間には必ず本を読んであげないといけない。

　私の場合、毎日最低でも2時間は読み聞かせの時間を設けた。3人の子どもたち全員にこれをやってみたところ、一番大変だったのは末っ子のヘソンだった。上の子たちの世話もしなくてはならない上、夫は勉強に加えて教会の仕事もあったため、私はほとんど時間がなかった。そこで思いついた解決法は、長女と次女に、私の代わりに読み聞かせをしてもらうことだった。こうして3人で交代しながら、各自選んだ本をヘソンに読んであげた。1日に20冊は読んだと思う。ヘソンはお姉ちゃんたちが楽しそうに本を読んであげると、何を言っているかはわからなくても目をキラキラ輝かせて喜んだ。

　子どもたちが自分で本を読める歳になると、読書量は私が読んであげていた量を超えた。それまで集中力を養ってきたおかげで、さらに時間をかけて本を読めるようになったからだ。こうして子どもたちは好きなように自由を楽しみながら、生き生きと本を読み、読書量がだんだん増えていくのだ。

## 大学入試の成績は小学生で決まる

　娘たちは読書の楽しみを身につけたおかげで、学校の勉強は簡単になり、成績もよかった。学校では、教えるのがうまい先生もいれば、そうでない場合もある。運よく教え上手な先生に当たることもあれ

ば、次の年には不運に見舞われるかもしれない。特に小学校では、担任の先生が全教科を教えるため、どんな先生に当たるかが勉強に直接影響した。私立学校に通わせればともかく、公立学校ではなかなか理想の先生に会えないのが現実だった。うちの子たちも、これまで見てもらった先生がすべて教え上手というわけではなかった。

　だが、娘たちが先生の力量とは関係なく全教科に興味を持ち、教科の内容をしっかりマスターして好成績を上げられた秘訣は読書だった。先生に何か問題があっても、本を読めば自ら知識を補うことができるのだ。今思えば、わが子たちが読書好きだったことが、授業の不足を補うのに大きく役立ったのではないだろうか。

　このように楽しみながら多くの本を読む習慣を身につければ、勉強を仕事のようにこなすことになってからも力を発揮する。うちの子たちはSATを受けるときも、特別な勉強はしなかった。ただ試験の形式を調べて、その練習だけやれば十分だった。つまり、SATで高得点を取る力は、小学生のときに完成するわけだ。大学や大学院でも、勉強に押しつぶされず、楽しむことができた秘訣もここにあった。幼いうちから遊びの一種として勉強してきたから、勉強が苦痛ではなかったのだ。

　勉強に没頭するまでの時間を短縮できたのも、また1つの成果だ。小学生のうちから読書の技術を習得したので、あまり本を読まない子よりも勉強内容を素早く把握できた。学問というものは、どんな分野でもある程度のつながりがある。だから本で見聞を広げた人は、自分の分野の勉強をするときも、他の分野に関連づけて考えることができる。わが子たちは口々に、勉強は簡単で面白かった、勉強ができたお

かげで好きな仕事に就けた、嫌々勉強したことは一度もなかったと言う。わが子たちは皆、勉強を遊びのように楽しく始めたため、それは乗り越えるべき高い壁ではなく、面白いスノーボードのようなものだったのだ。

　小学生での学習指導は、何よりも子どもが楽しんでできるようにアプローチするのが効果的だ。親が知恵を出して遊びのような勉強法を開発し、子どもが時間が経つのも忘れて楽しみながら、主体的に学べる方法を見つけるべきだろう。

# 子どものアイデンティティを
# 確立させるための
# 週末活用法

## アイデンティティを守るための3つのルール

　「TGIF」という言葉がある。「Thank God It's Friday（神様ありがとう、今日は金曜日だ！）」の略語で、週末を迎えた喜びを意味している。アメリカに住んでいると、人々がまるで金曜日だけを心待ちにして働き、週末のために平日を過ごしているかのように思える。金曜日の午後からは、職場、マーケット、学校、家を問わず、街中がパーティーのような雰囲気に包まれ、知人や友達と外食をしたり、遊んだりしないといけないような気分になる。1週間の仕事を終えて、リラックスして楽しむ時間が始まるのだ。

　金曜日の午後、学校に子どもの迎えに行くと、子どもも先生も浮かれたような感じだ。子どもたちも車に乗り込むと、「ママ！　今日は金曜日だよ！」と声を上げる。大人より早く文化に適応する子どもたちは、いつの間にかそんな雰囲気に自然に溶け込んでいた。子どもは月曜日から頑張って勉強したんだから、周囲の気分に合わせてウキウ

キと週末を過ごさせるべきなのか──。そんなふうに、ずいぶん悩んだのも確かだ。しかし、私はアメリカ式に週末を過ごすと、得るものよりも失うものの方がはるかに多いと判断した。アメリカでマイノリティーとして生きながら、アメリカ人のように楽しんで生きていては、彼らとの違いがなくなってしまうからだ。だから、「彼らとは違う週末の過ごし方をすべきではないか？」「もっと意味のある時間を過ごす努力をすべきではないか？」と考えた。

　一番問題になったのは、金曜日に友達と「スリープオーバー（sleep over）」することだった。スリープオーバーとは、仲良し何人かで友達の家にお泊まりしてパーティーをすることだ。小学生のときから高校生になるまで、このお泊まりパーティーは続く。子どもたち同士で、次の週末に誰の家に集まり何をして遊ぶのか、綿密に計画を練る。そうやって一緒にお泊まりして遊ぶことで、友情を深めるのだ。小学生のときにお泊まりパーティーをした友達とは、高校まで友情が続く場合が多い。だから子どもたちにとって、週末に誰の家に集まるかが最大の関心事なのだ。うちの子も例外ではなかった。金曜日の午後になると、教会に行って子どものための金曜集会に参加してから、そのままお泊まりパーティーに出かけた。こうなると、親としては仕方なくパーティーに行かせるしかない。その上、牧師の娘であるうちの子たちには、毎週のように招待が届き、断るのも大変な状態だった。

　私たち夫婦は子どもたちに週末をどう過ごさせるか悩みに悩んだ末、大きく成長するための地図を描くこの大切な時期を未来のために使おうと決心した。そして、週末を子どもたちのアイデンティティを探すための時間にすることにしたのだ。つまり、キリスト教徒として、

韓国人として、家族としてのアイデンティティを確立させる時間にするということだ。このように基準を決めてみると、やるべきこととやるべきでないことをハッキリ決めることができた。

　具体的には、子どもたちが週末に必ず守るべき3つのルールを定めた。1つ、お泊まりパーティーに行かないこと。2つ、韓国語の勉強をすること。3つ、教会の活動に参加すること。子どもたちからは、「どうして私たちだけがこれをやるの？」「どうして私たちだけがやっちゃいけないの？」という質問攻めにあったが、週末の活動が子どもたちのアイデンティティ作りに重要だと判断したため、親の権威で一方的に決断をした。このように小学生のときからアイデンティティを探す訓練をすれば、大きくなってから自分だけのストーリーを作れるだろうと思ったからだ。これらの原則は、子どもたちが高校生になるまで続いた。予想通り子どもたちはしっかり成長してくれ、各自が人生の目的を求めることができた。また、自分が韓国人だという明確な認識を持てたため、多民族文化のなかでどう調和して生きていくべきか気づくことができた。そして家族中心のアイデンティティは、家族愛を築くことに役立った。次に3つのルールをもう少し詳しく紹介しよう。

## 1. 家族優先
　子どもが複数いる家庭でルールを決めるときは、そのルールが最初に適用される一番上の子の反応と結果が重要になる。最初の子は、そのルールの恩恵（または被害）を一番多く受けることになるからだ。最初の子にもたらされた結果が、そのあとに下の子たちにも影響することになるため、慎重にならないといけない。

長女のヘミンは学校の仲良しグループの友人たちから、いつもお泊まりパーティーに招待されていた。だが、ヘミンから行っていいかと聞かれると、私たち夫婦はいつも首を横に振った。がっかりしているヘミンに、行ってはいけない理由を理解させるのはかなり難しかった。友達の家の状況をよく知らないままそこで寝泊まりさせることはできなかったし、パーティーに参加する子どもたちの顔も全員は知らないため、心配だった。それに、1回参加したら「今回だけ」ではすまないため、最初の決定が重要だった。小学生のときならまだよくても、中学生や高校生になれば親の目が届きにくくなってしまうからだ。

　==幼いときは許していたのに大きくなってから制限をかけると、親子関係により大きな衝突が起きるかもしれない。==きっと子どもたちは、親の一貫性のない態度が理解できないはずだ。このような複雑な心情と心配を、小学生だったヘミンに理解してもらうのは難しかった。完全に理解はできなくても、親が言うことだから正しいと思って従ってくれることを願うばかりだった。期待通り、ヘミンはよく言いつけを守ってくれた。

　ヘミンには、招待された家に泊まるのはダメだが、晩ご飯を食べて9時までは遊んでいいこととし、それを守れるなら9時に迎えに行くと伝えた。その決まり事を、友達の親も理解してくれた。友達と楽しく遊んでいるのに1人だけ抜けるのは寂しかっただろうが、小学生なら9時まで遊べば十分だと思ったし、まったく参加できないわけではないのだから、ヘミンもそれで満足していた。こうしたやりとりを見ていた妹たちも、お泊まり禁止のルールに自然と従った。

学校と同じく、教会でも友達作りは楽ではなかった。親の立場から考えても、お泊まりパーティーに参加したほうが、もう少し簡単になるかと思った。ヘミンが友達を作れず寂しくないかと心配になり、これまで守ってきたルールをやめようかと思ったこともあった。しかし、週末をお泊まりパーティーで過ごしていては、家族関係がおろそかになってしまいそうだった。私は家族を最優先にすべきだと考えていたが、中学生になると友達との関係が強くなり、友情のほうが優先されそうだ。悩んだ末に、やはり家族を優先させることに決めた。

　アメリカでは一般に、高校を卒業すると家を出て独立する。大学入学と同時に経済的・物理的自立が始まるのだ。だとすれば、私たちがヘミンと一緒にいられる時間はあと6年しか残っていない計算だった。この広いアメリカで、いつまた一緒に住めるのかもわからない。今一緒にいるこの時間が、これからの家族関係を左右するだろう。こうしてヘミンは週末を家族とともに過ごし、平日は友達と遊ぶことにした。簡単な道を選ばず、わざわざ回り道をした苦労はあったものの、ヘミンはだんだん適応していった。類は友を呼ぶで、ヘミンと似た考えの友達に教会や学校で出会うこともできた。幼いうちに家族を優先させる生活をしていなければ、家族中心のアイデンティティは作れなかっただろう。

## 2. 母国語の勉強

　わが家の土曜日は、登校の準備をするわけでもないのに朝からあわただしかった。子どもたちの韓国語の勉強のためだ。平日には韓国語の本を自由に読んでいたが、土曜の午前は私と一緒に韓国語の勉強をすることにした。ゆっくり寝ていたい土曜日の朝、学校でのように勉

強をしないといけないのだから、子どもたちからしたら嫌だっただろう。

　アメリカに来るとき、一番大切な財産のように持ってきたものは、他でもない夫と子どもたちの本だった。他のものは持ってくるよりアメリカで買い直すほうが安く上がったため、持ってきたものは服が数着だけだった。その代わり、本は10箱以上あった。韓国語の勉強のための教材も3年分は持ってきた。この教材は末っ子のヘソンまで再利用したため、運ぶ苦労を考えても十分に元が取れた。そのとき持ってきた韓国語の童話と他の家庭からもらった韓国の本も合わせれば、500〜600冊以上になっただろう。

　1998年に渡米してから2008年まで、全部で8回の引っ越しをしたが、そのたびに本を運ぶのが一番大変だった。引っ越し代行を頼む余裕もなく、業者に頼んだとしても費用がかさむことはわかりきっていた。ボロボロになった子どもの本を韓国から持ってきて、ずっと捨てずにいるのはバカバカしく見えるかもしれないが、子どもにとってはあまりに貴重な品だった。子どもたちは、この本と教材のおかげで韓国語をマスターし、2言語を操れるようになった。ここまで抱えてきた本をようやく処分したのは、ヘソンが大学に入った2019年、アメリカに来て20年が経ったときだった。

　子どもたちが小学校に入るまでは、読書を通して文字を覚えさせた。韓国語の本を自分から読むようになるまでは、読み聞かせをした。文字を絵として認識させ、学ばせたのだ。小学生になると、韓国語の学習教材を使って文法と作文を身につけさせた。小学生の時期は韓国語をしっかり使う訓練をするのに最適で、特に週末は好都合だ。

このときに時間をかけて学ばないと、中学・高校に行ってからでは韓国語を勉強する時間がなくなる。

　家では韓国語だけを使うのが、わが家のルールの１つだ。子ども同士でも韓国語を使わせ、それを守れなかったときはきつく叱った。アメリカ生まれの末っ子ヘソンは韓国語を話しながらも、よく英語が口から飛び出した。子どもながらに、家だけで使っている韓国語よりも、外でよく聞こえてくる英語のほうがずっと便利だということに気づいたのだ。だから、慣れている英語のほうが先に耳に入ってくるし、口から出てくるというわけだ。土曜日の韓国語の勉強は、今すぐ必要なものではなく、ただ未来を考えてやっているだけなので、これを子どもたちに納得させるのは難しかった。しかしこの時期を逃してあとで習得するのはもっと大変なため、無理矢理にでも親の権威でやらせることにしたのだ。

　韓国語の勉強をするときはいつも、なぜ韓国語を学ぶべきなのか、私たちがどんな国から来たのか、といったアイデンティティを芽生えさせる言葉を必ずかけるようにした。親があきらめずにコツコツ続ければ、子どもたちも理解してくれる日が来る。「ママ、韓国語を教えてくれてありがとう！」この言葉を聞ける日まで、あきらめないことが肝心だ。

　韓国語がある程度できるようになると、韓国のテレビ番組を見せた。間接的にでも韓国の言語と文化に触れることで、授業よりも面白く勉強できる。ケンタッキー州では、１日中出歩いてもほとんど韓国人とすれ違うことがない。だから自分が韓国人だという意識をなかなか持てない環境だった。そこで考えた末、韓国のケーブルテレビに加

入して韓国のテレビ番組を見せることにしたのだ。ありがたいことに、娘たちの韓国語も少しずつ上達し、韓国の情勢も理解していった。

　韓国語が使えることの利点をわかり始めた子どもたちは、韓国人であることに自尊心を持つようになった。週末の時間を使って勉強した効果は、高学年になるほど現れるようになった。教会や地域でボランティアをするとき、英語と韓国語の両方を話せることが役に立つことを実感し、SATの韓国語の科目では高得点を上げて公式にバイリンガルとして認められた。大学でもバイリンガルということで得をした。韓国の国会が募集した夏季インターンに選ばれたのだ。政治学を専攻するヘミンにとって、大変貴重な経験となった。

　2016年4月、『ニューヨークタイムズ』で「バイリンガルたちの優れた社会性」というタイトルのコラムを目にした。筆者のコーネル大学教授によると、さまざまな実験を通してバイリンガルがモノリンガルよりも高い社会性を持っていることが証明されたそうだ。2つの言語を操る能力自体より、いろいろな言語を経験する環境で育ったことが、社会性が高くなった理由だという。

　このような力は、ますますグローバル化するアメリカ社会で生きていくわが子たちには必須のものだ。他の子どもたちには経験できない母国語の週末授業は、多様な民族の文化と言語を理解し、統合する能力を身につけるきっかけとなった。また、自分は何者なのか、そして、いかに多くの文化と言語が世界に存在しているのかを知り、経験することができた。そこから、他民族を理解して共生する方法を知ることができるだろう。

## 3. 信仰活動

　週末に一番多くの時間を費やしたのは、教会での活動だった。アメリカ人と韓国人移民とでは、教会に通うことの意味はまったく違う。アメリカ人は、自分の本来の宗教が何であれ、毎年3回（イースター、サンクスギビングデー、クリスマス）は「クリスチャン」になる。初期のアメリカの清教徒信仰は社会のあちこちに根づいているが、毎週教会に行く教会中心の信仰よりも、個人中心の信仰生活のほうが優先されている。だから、毎週教会に集まるという韓国式スタイルは、アメリカ社会では珍しい。

　韓国人の教会に通って育ったわが子たちの場合、たとえ礼拝で英語を使っても、信仰生活における姿勢は韓国と同じだ。ところが、アメリカ社会の信仰生活の基盤は個人主義なので、今は牧師である父親について真面目に教会に通っているが、子どもたちが成人してからも信仰を続けていけるか心配だった。私たち夫婦ができることは、週末に韓国人の友達と集まり信仰生活をともにすることのよさを幼い頃から徹底的に教え、強調することだけだった。

　私たちは、子どもが小学生の頃から礼拝には休まず参加させた。礼拝だけでなく、家庭での信仰も大切にしていた。家で毎日聖書を読み、お祈りも欠かさず捧げた。そして私たち夫婦は率先して子どものお手本になるように努めた。わが子たちは親とともに教会での活動をこなすため、週末はいつも忙しく過ごしていた。だから宿題や他の活動を週末にやる暇はなく、学校の宿題や試験勉強、学校行事の準備などは、すべて平日に終わらせないといけなかった。週末にまとめてやろうと先延ばしにしたら、時間が足りなくなってしまう。こうしたスケジュールを身につけた子どもたちは、幼い頃からやるべきことは平

日にやるように時間を管理するようになった。私も子どもたちが週末は信仰生活に集中できるよう、平日に充実した時間を過ごすサポートをした。

# 就学前に英語を
# 教えなかった理由

## 外国語はこう教える

　5歳でアメリカに来た長女ヘミンは、到着した次の日から幼稚園に通い英語を学び始めた。幸い、英語を母国語とするアメリカの子たちも、幼稚園ではアルファベットから習った。ヘミンは英語を聞くことも話すこともできなかったが、とにかくアルファベットのaから学び始めた。そうしてヘミンがアルファベットを1つずつ覚えていくあいだも、家に帰ってくればなじみのある韓国語の童話を読んでいた。どうすれば英語に慣れて使えるようになるのだろうか。悩んだ末、親子で一緒に本を読むことにした。

　まず、当時の私のたどたどしい英語のレベルでも読めるごく簡単な童話を1つ選び、ヘミンと一緒に読んだ。私のつたない発音が悪影響を及ぼさないか心配だったので、読んであげるのではなく、ヘミンが幼稚園で習った通りに発音して読むように言った。まず単語を1つずつ発音させてから、それらをつなげて読むようにさせた。そうしてい

るうちに、ネイティブと同じように発音するようになった。そうやっていると本を1冊読むのに約2時間かかったが、1冊読み終わると繰り返し出てくる簡単な単語はすぐに覚えられた。そうやって自信をつけたヘミンは、それと同レベルのやさしい英語の本も読めるようになった。

　当時ヘミンと一緒に読んでいた本は『Are you my mother？』だった。この本を今でも覚えている理由は、私が子どもと一緒に読んだ唯一の英語の本だったからだ。一方、次女のヘウン、末っ子のヘソンには、ただの一冊も英語の本を読んであげなかった。読んであげたのは韓国語の本ばかりだ。わが子たちにとっての母国語は韓国語だということを、はっきりさせたかったのだ。英語のほうがよく使うとしても、英語はあくまで外国語であると認識してほしかった。だから学校に行くようになるまでは、韓国語だけを使うようにして、英語はまったく教えなかった。これに関しては、いくつかのルールがあった。

・家族間では韓国語だけを使う。
・韓国語が自分で読めるようになるまでは読み聞かせをしてあげる。
・外国語は、外国語だけを使って学ぶ。
・外国語の勉強は本から始める（まずは本を読み、映像はその後で）。
・英語以外の外国語にも挑戦する。

　アメリカで暮らしているからといって、早く英語を覚えさせようとはしなかった。英語を母語とする子たちに後れをとらないようにと、急いで英語をマスターさせようとする移民の親も多い。しかし、長女のヘミンが言葉を覚えていった様子を見ると、その言語をいつ始めた

**かよりも、その言語を使ってどれほどの認知的思考ができるかのほうがより重要**に思われた。

　現地の子らは幼稚園でアルファベットを習うが、外国人の子はESLコースを別に受けることになる。ヘミンもESLで勉強をした。ところが問題が起きた。勉強を始めて間もなく、夫の留学ビザが満了になり、延長手続きのために韓国に戻らないといけなくなったのだ。そして家族全員で帰国したそのとき、アジア通貨危機と重なり、アメリカに戻るビザ申請が却下されてしまった。私は子どもたちの面倒もそこそこに、ビザ申請のために走り回った。こんなふうに数カ月も韓国で過ごすとは思ってもおらず、何の準備もしてこなかったため、子どもたちは祖父の家でテレビを見ているしかなかった。紆余曲折ののち、何とかアメリカに戻ることができ、やっとヘミンも学校に通えることになった。

　アメリカに戻ってすぐ、ヘミンの担任の先生と定期面談があった。そのとき、先生にこう聞かれた。

「もしかして韓国にいるあいだ、何か英語の勉強をさせましたか？」

　韓国で子どもたちのことを気にかける余裕もなかったのに、どういう意味なのだろうか。特に英語の勉強はさせていないが、どうしてかと聞くと、この間に英語の実力がぐんと伸びたから驚いた、これ以上ESLの授業は必要ないくらいだ、と言うのだった。韓国ではひたすら韓国語だけで過ごし、テレビばかり見ていたのに。この現象をどう理解すればいいのか、わからなかった。

## 母国語が第一

　この経験から思ったのは、どの言語を優先的に学ぶかというよりも、1つの言語を完璧に駆使しながら認知能力を伸ばすことのほうが重要だという点だ。そのあとで学ぶ言語は、すでに持っている知識を変えてくれる道具の役割をするのだろう。この私のアイデアが確信に変わったのは、次女と三女も同じだったからだ。

　次女のヘウンも2歳のときにアメリカに来て幼稚園に入るまで、まったく英語の教育をしなかった。韓国の本を読み聞かせてハングルの勉強をしたのがすべてだった。アメリカで生まれた末っ子のヘソンも同じだった。3人とも、アルファベットに初めて触れたのは幼稚園に入ってからだ。もちろん最初のうちは、英語を母語とする子どもよりもいろいろな面で後れをとっていたが、2年目になるとぐんと伸びた。英才児だとわかったのもこの時期だった。英語を学び始めて2年ほど過ぎると、持っている知識を英語で表現できるようになったのだ。同時に韓国語も学んで使っていたため、自然に2つの言語を使えるようになった。

　小学校に入ると、本格的に英語・韓国語の2言語を使うようになった。英語は親が教えることはできず、教える必要もないと思ったため、学校の授業に全面的に頼った。また、英語を学び始めると、本を読んでさらに勉強するようになった。私たちがアメリカに来た当初にもらったアドバイスでは、子どもに面白いアニメやテレビ番組をよく見せるといいということだった。そうすれば、英語が自然とできるようになるというのだ。もっと早く英語ができるようになってほしいと

思わなかったと言えば嘘になるが、テレビに頼ると小さいものを得るためにより大きなものを失うような気がして、これまで通りまずは韓国語の本を読ませ、だんだんと英語の本に興味が行くように誘導した。結局のところ、英語を学ぶ際も、映像より本のほうがはるかに効果的だった。

　子どもたちは2言語を使うことで2倍の知識を得た上、習得した知識を状況に合わせて使う能力も身につけた。それだけ頭脳が多くの情報を得て、認識し、処理する能力が伸びていったのだ。自分の考えを述べるとき、状況に応じて違う言語に素早く切り替える力もついたため、コミュニケーション能力も発達し、相手の話の脈絡を把握することもうまくなった。
　さらには、問題解決能力や状況認識の柔軟性も身につけた。2言語を入れ替えながら使う過程で思考の幅が広がり、より効率的でクリエイティブなアイデアを発想できるようになったのだ。このように小学校の頃からみっちりと言語について学んできたため、自然と言語に対する好奇心が生まれた。

　中学校に進学すると南米出身の友達が増え、自然とスペイン語を学ぶ機会もできた。そうして扉が開かれた外国語の勉強は、高校でも続いた。難しいAP試験でも高得点を取り、使える言語が1つ増えた。

　次女ヘウンの場合、APのクラスの先生が大きな力になった。その先生は、授業のたびに生徒たちに「どうして家で毎日スペイン語を使

---

＊　　Advanced Placement、高校在学中に特定の科目を大学レベルまで学べるシステムで、AP試験で高得点を取ると大学の単位を取得することもできる。

う君たちより、ヘウンのほうが上手なの？」と言っていたそうだ。この授業を取っていた子たちのほとんどが南米出身で、スペイン語が母国語だからだ。ヘウンは高校2年生を終える頃、スペイン語で賞までもらった。生徒の60％が南米出身の学校でスペイン語の賞をもらったことはヘウンにとって大きな成果であり、大学に入ってからも勉強を続けた。

　末っ子のヘソンも姉たちと同様、スペイン語に続いてフランス語に興味を持って勉強している。
　大学でも新しい言語を学ぼうとするわが子たちに、幼くして2言語を使っていたことが役立っているのか聞くと、もちろんそうだと答え、バイリンガルの利点をこのように説明した。

・文脈から単語の意味を素早く類推できる。
・言語に対する勘がいい。
・新しい単語を楽に覚えられる。
・作文がうまくなる。
・2つの言語が持つニュアンス、文法、構文、発音の違いがよくわかる。

　外国語教育において第一に強調したいことは、必ず母国語の基盤を固め、思考能力を伸ばすべきだということだ。そうやって作られた土台の上で他の言語を覚えるようにし、生活のなかで両方の言語を使えるように導かねばならない。小学生のうちに2言語を使えるようになれば、スピーキング、クリエイティブな思考、コミュニケーション、認知能力も同時に発達させることができるのだ。

# 人種のるつぼ、
# アメリカに溶け込む方法

## すべてが許容され、理解され、出会う場所

　子どもたちが幼少期を過ごしたケンタッキー州ウィルモアは、アメリカ南東部の典型的な田舎町であり、住民の大半がクリスチャンであることから「聖なる町（holy city）」と呼ばれる、静かで落ち着いた場所だった。お店はすべて夕方6時になるとシャッターを閉め、日曜日には酒を売らない。また、伝統を守るためにチェーン店のレストランも許可されず、アメリカのどこにいても目につくマクドナルドも、ここにはない。そんな平和な共同体として、ご近所さん同士がうまく助け合いながら暮らしている。そのため、私たちのようなよそ者も歓迎される、おおらかな雰囲気を感じることができた。おかげで、ここで暮らすあいだは一度も外国人だからと冷遇されたり、馬鹿にされたりしたことはなかった。今でも私たち家族にとっては、第二の故郷のような場所だ。

　アズベリー大学とアズベリー神学校があって文教都市の性格が強い

ウィルモアには、約4千人の学生がいたが、その数は地域の人口と似た規模だった。アズベリー神学校には牧師としての訓練のため、アメリカ全土だけではなく、全世界から多様な人種が集まってくる。わが家もその一員だった。わが子たちはそこで多様な文化的背景を持つ人々に会い、多様な世界を経験した。さまざまな国の子どもたちが一緒に自転車に乗り、1日中アパートの周りに集まって遊んでいた。わが子たちはそのなかで他の文化と食べ物に触れ、聞き取れない異国の言葉に耳を傾け、すべてが許容され、理解され、出会うということを自然に学ぶことができた。このような過程を通して、子どもたちは骨の髄（ずい）までグローバル化された。

こうして生きていく私たちにとって、言語は重大な課題だった。母国語を忘れずに使い続けることも大切だが、同時に他者を理解しコミュニケーションを取るための道具として、新たな言語を学ぶことも重要だったからだ。幸い、わが子たちは言葉を学ぶ前から、すでに心から世界の人々を受け入れ、会話をする準備を始めていたように思える。

## こだわりを手放し、 交流しながらともに生きていく

長女のヘミンが中学校に入る頃、勉強を修了した夫が牧師として新たな場所で仕えることになり、私たち家族はカリフォルニア州に引っ越すことになった。アメリカの片田舎から大都市への転居で、生活スタイルも大きく変わることになった。カリフォルニアは多くの移民がさまざまな理由で集まって暮らしている場所だ。違った背景や文化を持った人々が、権利を主張し合いながら生きている。これまでより

ずっと多様な人々がともに生きているため、包容力と理解力がいっそう必要となる。

　LAでは、人口の約半分が南米出身の移民である。まず、この事実を受け入れなければ、生きていくのは難しい。彼らを軽視することなく、交流しながら共存する方法を体得すべきだが、残念なことに多くの韓国系移民はこの事実を見過ごしている。彼らと同じ移民の立場でありながら、彼らを下に見て遠ざけようとする。だが、白人から見たらいずれも同じ移民だ。韓国人だけが認められたり、南米出身者よりも下に思われたりすることはない。数が多い分、南米出身者の声のほうが通りやすいことも事実だ。このような現実に気づけない韓国人たちは、むしろ白人たちのあいだで競争しながら生きていこうとする。

　南米出身者と交わるのを避けていることは、親の教育方針を見れば一目瞭然だ。南米人が多い学校を避け、白人中心の学校に転校させるからだ。アメリカの公立学校は、すべての人種に平等に対応し、同等な機会を提供することを原則としている。私たちの家庭はマイノリティーの移民であり、同じ移民とともに信仰を捧げる低所得層の家庭だったため、この平等の原則は大きな力になり、チャンスだと思った。実際、子どもが学校に行くと、友達の民族や人種など気にしなかった。白人だろうが、アジア人だろうが、南米出身だろうが、アメリカはグローバル化された多民族社会であるため、ともに生きていくためのコミュニケーションだけが重要だったからだ。

# 05 子どもとの駆け引き、これだけは守ろう

## 主導権は親が握る

　アメリカの結婚文化は、韓国とかなり違う。結婚の主体はあくまで新郎新婦であり、両家の親は関与しないまま準備が進められる。極端な話、親でさえ招待されなければ結婚式に参列できないほどだ。結婚式の主人公は他でもなく、親から完全に独立した両人なのだから。結婚における親の役割は、子どもの選択権と主導権を認め、祝ってあげることだけだ。しかし、成人になって独立するまで、すべてのことを助けなしで自分でやってきた人がいるだろうか。生まれながらに自立する能力を持っている子どもはいるだろうか。1人もいないはずだ。人間が生まれて初めて関わる人は、親である。その関係の主導権は、ひとまず親にある。子どもの成長に伴って、親の主導権を少しずつ子どもに譲る。そして、子どもが成長したとき、そこで初めて独立した1人の人間として生きていくことになる。

　だから、子どもが幼いときは徹底的に親が主導権を握るべきだ。こ

の主導権とは、子どもとの関係で起こることのすべてにおいて、その状況をリードする親の権利のことを指す。これは神が親に与えた権利であり、使命に他ならない。子どもの教育は、誰が主導権を握るかによって成長に大きな影響を与える。少なくとも小学校を卒業するまでは、親は主導権を手放してはならない。少年期に入ったら、主導権を少しずつ子どもに託していく。その過程では、子どもの意見と意志を尊重しながら、ある程度妥協してもいいだろう。

子育てにおいて、親なら誰しも一度は経験することがある。それは、子どもが人形やおもちゃを欲しがって駄々をこねることだ。このような状況になると、抱きかかえてその場から出て行くべきなのか、恥ずかしいから欲しいものを買ってあげるべきなのかと、頭を悩ませることになる。このように、何が正しいのか正確に判断しづらい状況がたくさん出てくる。特に、子どもとの主導権の問題に関してはなおさらだ。親の主導権を全面的に振りかざして子どもを従わせるのはあまりに高圧的ではないか、そう思って子どもの意見を最優先させるときもあるが、あとで振り返ってみると、子どもに振り回されてしつけのタイミングを失う場合も出てくる。こんな悩みを抱える親は、私だけではないだろう。

## 子どもの権限を明確にする

子どもが小学生のときにどんな関係を築くかによって、一生の関係が左右されることもある。先ほど断言した通り、しつけにおける主導権は親が持つべきだ。この結論の根拠は、人間をどう理解するかにつながっている。いわゆる性善説と性悪説の問題だ。人間は生まれなが

らに善であると信じる性善説から見れば、人間は自ら成長することができ、自己実現も自らできる存在だ。したがって、すべての教育の主体は子どもたちであり、主導権も子どもたちが持つべきなのだ。もう1つの観点である性悪説は、人間は悪として生まれたとしており、キリスト教式に言えば原罪による悪が存在するという意味だ。よって、これを教育・訓練によって正し、最初の善を回復しなければならない。

　私の場合、この2つの理論のうち性悪説に影響された。無邪気に見える子どもにも、生まれ持った利己心、嫉妬、反抗、嘘などがあることに気づく。これらのことは、誰かが教えなくとも勝手に芽生えるものだ。

　次女のヘウンの生後100日の記念写真をよく見ると、顔に小さな傷がある。この写真を撮った日にできた傷だ。そこにはこんなわけがある。

　長女のヘミンは、幼い頃から大人びていた。4年間を一人っ子として過ごしてきたため、私が2人目を妊娠しているあいだ、妹の誕生を待ちわびていた。そういうわけで、待ちに待った妹が生まれると、産後の私を本当によく助けてくれた。私は妹ができて環境が変わったヘミンが情緒不安定にならないようにとかなり神経を使ったが、幸いヘミンは妹という存在を説明する私の話をよく聞き、妹のこともとてもかわいがってくれた。

　そんななか、ヘウンの生後100日記念でロッテワールドに行った。もちろんヘウンが主人公だったため、服もかわいいものを着せてお出かけした。ところが、ベビーカーに乗っていたヘウンがいきなり泣き始めるではないか。驚いて見てみると、ヘミンがヘウンの顔を引っ掻

いたのだった。一方的ではあったが、初めてのきょうだい喧嘩だった。いつも親の期待以上にヘミンはお利口だったので、当然その日も大丈夫だと思っていたが、これは私の思い違いだったわけだ。その日のトラブルはヘミンに問題があったというより、ヘミンの心のなかの嫉妬心を察することのできない親の無知に原因があった。それまで事情を理解して我慢しているように見えても、妹が生まれてから募った嫉妬心が、行動に現れたのだ。このように、愛するわが子といえども、親が驚くほど暗い側面があることを認識しないといけない。

　純粋ないい子だから、常に正しい行動をとるに違いないと考えるのは、色眼鏡をかけているのと同じだ。そうすると「子どもだからそんなこともある」と思って、問題を見過ごしてしまうことになる。子どもにも悪の部分があることを認識し、受け入れるべきだ。また、こうした部分が成長とともに習慣になり、性格となってしまわないように導いてあげないといけない。

　だから、客観的な目でしつけ、場合によっては罰を与えることも必要だ。幼いうちに自分の過ちを認め、赦しを乞う方法を教えてあげるべきだ。さもないと、小学生のうちなら小さな問題だからとやり過ごせても、中高生になると大きな問題になりうる。そういうわけで、年齢が低ければ低いほど、親がしっかり主導権を握ることが重要なのだ。3歳の子のわがままを直せれば、80歳になっても子どもと良好な関係でいられるはずだ。

　わが家で親の主導権を譲らなかったものと、妥協したものを次に整理してみた。

親が主導権を持っていたもの
・信仰生活
・親を敬うこと
・他人への礼儀
・社会で守るべき規範
・道徳的な約束
・生活のルール（パソコン使用、テレビ視聴など）

子どもが主導権を持っていたもの
・遊び
・友達
・趣味
・学習

　子どもは小学生になると、かなり理屈っぽい口答えをするようになり、それまで素直にやっていたことを拒否したり、自分の意見と考えを主張したりするようになる。私は子どもの自律性を認め、小さなことから徐々に自分で選んで決定させるようにした。子どもが好きな遊びに関しては、全面的に子どもに主導権を与えるべきだ。親が横から口出しして子どもの遊びを邪魔してはいけない。子どもにとって、それはモチベーションになる活動だからだ。子どもが自らやりたくてやるものなら、遊びでも趣味でも、子どもが主体になるべきだ。友達も親が望む友達ではなく、子どもが好きな友達と付き合えるような機会を与え、見守るべきだ。また、学習についても子どもに主導権を持たせた。意思に反して無理やり塾に行かせたり、家での勉強を強制すると、学びたいという一抹の意志すら消えてしまうかもしれないからだ。

# 06 父親と母親は常に「ワンチーム」であるべし

## 父親は子どものロールモデル

「鏡よ、鏡……結局、私もママみたいになってしまったわ！（Mirror, mirror, on the wall, I've become my mother after all！）」

プレゼントでもらったTシャツに、こんな言葉が書かれていた。外に着て行くと、それを見た人から一番大きな反応があった。この文句は『白雪姫』に登場する継母のセリフを、冗談気味に書き換えたものだ。このTシャツを着ていた人は大体が女性で、特にお母さんたちだった。この文句を見て「私も」と共感する人もお母さんたちが多かった。母親に似たくないのに、結局自分もそうなってしまったという、アメリカ式の自虐的ギャグだが、英語を直訳して考える私には、「子どもは結局、母親についていくものだ」という意味に受け取った。

子どもは親についていく。親が子どもの人生のモデルになるのだ。小学校のうちから、外部に自分のロールモデルを見つけるのは難し

い。だから、いつも一緒にいる親が、どうしても子どもにとってのロールモデルになる。わが子たちは皆、父親をまねようとした。外見から性格、さらには趣味に至るまで。夫は夫で、子どもたちの期待に見合うように、一貫性のある行動を示してくれた。牧師として、教会でも家でも、常に変わらない姿を見せていた。そうして夫は、子どもたちにとって尊敬の対象になった。

　夫は子どもたちの父として、よき遊び相手になり、家を隅々まで手入れし、わからないことを質問すれば、丁寧に答えてくれた。学校や教会での子どもの友達の様子を気にかけ、しばしばスポーツやキャンプに子どもたちを連れて行き、新しい経験を前にしても、ユーモアあふれる言葉で安心させてくれた。私は子どもたちにとって厳しい母親だったが、夫は優しい父親としてホッと息のつける存在だった。いつも無理しないよう声をかけ、ゆっくりでも正しい道を歩めばいいから、焦らず余裕を持って考えるように語りかける役目だった。穏やかで温かい父親の性格を自然に学んだ子どもたちは、人付き合いが好きで、人の気持ちをよく理解しながら、ムードメーカーの役割をうまくこなした。父親の影響のおかげで、うちの子たちはどこへ行っても社交的で、明るい表情をしていると言われるように成長した。

## 夫婦の意見を必ずそろえておく

　娘たちには優しい父親だった夫も、私と同志であることは忘れなかった。私は私なりのスタイルで母親役を担い、夫は夫なりのスタイルで子どもたちに接したが、父親と母親はワンチームであることを鉄則としていた。私たちはこれを子どもたちにもはっきりと伝えておい

た。いくら優しい父親でも、母親が決めた規則から外れようとする子どもをかばうことはせず、母親の権威に対抗することはどんなことでも許さなかった。私たちは子どもの前で、お互いの権威を傷つけるような言葉は絶対に言わなかった。私たち夫婦はお互いに非難せず、いつも同じ意見、同じ決断を保った。

　もちろん、子育ての方針を立てる上で常に意見が一致しないといけないというわけではない。意見が異なる場合は事前に擦り合わせてから、子どもの前では一致した意見を出そうという意味だ。夫婦は十分な会話を通して、育児の基本原則を合意すべきだ。夫婦の意見が食い違って言い争うような姿を見せてしまうと、子どもは内心でストレスを受けてしまう。子どもを安定させるためにも、夫婦の合意が必要だ。夫婦が決めた子育ての原則の下、イエスかノーかという明快な信号を送ってあげれば、子どもが混乱することもない。夫婦は一致した考えを実行する権威者として、子どもの前では常に模範を示すべきだ。もし親として不足な点があれば、率直に話し合おう。何よりも子どもの成長を最優先に考える勇気こそが、夫婦というワンチームに必要なのだ。

# 07 テレビ、ゲーム、スマホはいつから、どこまで許容すべきか

## 子どもをテレビの支配から守るには

　私たち夫婦が決して主導権を手放さず、介入を続けたのは、何といってもテレビだった。それ以外のことについては、説明すればよく守ってくれた子どもたちだが、ことテレビに関してだけは、なかなか素直に言うことを聞かなかった。それほどテレビに関するルール作りは難しいものだった。

　わが家は、平日にはテレビを見せなかった。テレビを見ていいのは週に一度、土曜日にハングルの勉強が終わったあとの2〜3時間だけ。しかも教会関係の集まりや信者の家庭訪問などがあれば、子どもだけを家に置いておくわけにいかないので、さらにテレビを見られない時間が増えた。たまに誰かの家に行ってそこの家の子たちと一緒にテレビやビデオを見るときも、宿題などやるべきことを終わらせてから、よい内容の子ども向けアニメなどに限定していた。

子どもたちには、何度もテレビの害について説明したが、テレビを見たい気持ちが勝ってしまい、私の言葉など耳に入らなかった。

　もちろん、テレビの利点を唱える人もいる。特に移民であるわが家の場合、ニュース番組など時事番組を子どもと共有できないため、世の中の出来事を知るにはテレビを見せるべきだとの助言ももらった。また、子ども同士の付き合いにはテレビが必須であり、テレビを見ていないと友達ができないとも言われた。しかし、いくら考えてもテレビから得られる利点よりも、失うもののほうがはるかに多かった。私の経験から言えば、子どもたちがテレビを見たあとはメンタルがより不安定になった。きょうだい喧嘩も多くなった。また、テレビを見たあとで読書や勉強をしようとすると、集中できるようになるまでより時間がかかった。テレビを2時間見ると、そのあとにやるべきことがあってもすぐに取り組むことができず、集中力を取り戻すのに少なくとも2時間はかかった。

　読書よりも簡単で、おもちゃよりも面白い四角の小さな怪物を、子ども自身で制御するのは難しい。親がしっかりコントロールすべきだ。この怪物に勝つには、見たいという欲求に立ち向かってブレーキをかけ続ける親の意志が必要だ。実のところ疲れた日など、もうテレビを好きなだけ見せておきたくなるほど、それは長く厳しい戦いだった。わが子たちは歳が離れていたため、末っ子まで3人が全員テレビの影響から抜け出すには、20年以上も戦わないといけなかった。しかし、テレビは手強い相手だったが、親の愛と確信には勝てなかった。**ここで一番重要なのは、親が見本を見せるということだ。親がテレビを見ていながら子どもには見るなと言っていては、説得はできない。**

私たち夫婦は成人してからアメリカに来たため、メディアにもう少し触れていたら、今よりももっと英語がうまくなっていたはずという惜しさもあるが、子どものための最善の決断に後悔はしていない。

　今でも家族で集まって昔の話をすると、テレビに関する小さなエピソードが出てくる。アメリカは保護者なしに未成年だけを家に残してはいけない。しかし、たまに夜や明け方の礼拝には、子どもたちを家に置いていくことがあった。それは子どもがこっそりテレビを見られる一種の「チートデー*」だったのだ。娘たちは、「私たちがこっそりテレビを見ていたの、ママは知らなかったでしょ？　一度、ママが出かけたと思っていたら忘れ物を取りに戻ってきたんで、すごくあわてて、みんなで一緒に本を読んでいるふりをしたんだよ」と武勇伝を語ったりもした。それに気づかない親がどこにいるだろうか？　ドアを開けた瞬間、ドタバタする音を聞いただけでも、こっそりテレビを見ていたことはわかる。でも、いつも知らないふりをしてあげていた。テレビのことでいつも厳しくしていたから、たまには息抜きの日も必要だろうと思ってのことだ。それに、しょっちゅう起こることでもなかったから。こうして思い出話をする子どもたちは、当時の親の方針を恨んだりはしていなかった。厳しいルールのなかで育った子どもたちが、今は当時の親心を理解し、笑いながら昔話ができるのは、実にありがたいことだ。

---

*　ズルをする日。ダイエット中に好きなものを食べるお楽しみの日を指して使われることが多い。

158

## 自分で決められるようにする

　長女と次女が小学生だったとき、子どもたちに一番人気のおもちゃはゲーム機だった。私たちの教会でも、ゲーム機を持っていない子どもはほとんどいなかった。特に男の子は必ず持っていた。韓国からアメリカに来て間もない子どもほど、ゲーム機は必需品だった。教会で友達と会ったときに、ゲーム機で遊ぶからだ。一緒に遊ぶことほど、連帯感を強めるものはない。わが家で教会の集まりをすると、うちに来る子どもたちは各自がゲーム機を持ってきて遊んだ。だが、わが子たちはゲーム機がなかったため、他の子が遊ぶのを隣にピッタリくっついて、不思議そうに見るばかりだった。それに気づいたある信者の方が、クリスマスプレゼントだと言って高価なゲーム機をくださった。貧乏な牧師のふところ具合を察したのだろう。その温かい気持ちを知っていたからこそ、私たちはこれをどうするべきか頭を悩ませた。そして夫と数日間考えた末、思い切ってプレゼントをお返しした。お気持ちはありがたく頂戴するが、わが子たちには必要ないと思ったから買っていないのだと説明した。その方も、私たちの考え方を受け止めてくださり、子どもにゲーム機を使わせることを考え直すよい機会になったとおっしゃってくれた。

　このように、わが家ではテレビもゲームも子どもの好きなようにはできなかった。小学校のときに始まった「ノー・テレビ、ノー・ゲーム」の習慣は、高校に入って勉強するときに非常に役立った。忙しい高校生活でも、時間をうまく配分して活用することができたからだ。それは長い訓練を通して、自律心が生まれたおかげだ。何かにはまっ

て抜け出せなくなったり、衝動的に行動して自分をコントロールできなくなることはなかった。

　これは、長い訓練で習慣づけたからこそ可能なことで、そのときにやろうと思ってもできるわけではない。大学に行くと、これまでとは違って守るべき規則もなく、自由な時間が増える。口うるさい親とも離れられる。授業に行かなくてもよくなり、1日中パソコンをしたって、テレビを見たって、何も言われない。ずっとサボっても、誰も介入してこない自由が与えられるのだ。だが、たとえわが子たちが、幼い頃にやらせてもらえなかったことを取り返そうとしてそのように1日を過ごそうとしても、すでに成人し大脳と性格が完成されたあとは、どうにもならない。成人になってからなら、テレビを見ようがパソコンを使おうが、大きな影響はない。頭が悪くなるわけでもなく、読書の習慣がなくなるわけでもなく、集中力が落ちるわけでもない。大学に行けば、それまで制限されていたテレビ、パソコン、ゲーム、SNSを自由に楽しめるが、決して勉強の邪魔になったり自律の心を失くしたりはしない。これはすべての親が、子どもに望む姿勢ではなかろうか。勉強するときは勉強し、遊ぶときは遊ぶ、節制のある生活。このような姿は、幼い頃からの訓練のたまものなのだ。

Part **4**

# 可能性と潜在能力を倍増させる

：中学生の時期

## 01

# スマホをあきらめる代わりに得られた大切なもの

### 8年生まで待とう

「8年生まで待とう（Wait until 8th）」

2019年11月25日付の『米州中央日報』の記事に、私は目を見開いた。何を待つのだろうか？　よく読んでみると、子どもが8年生（日本の中学2年生。高校入学を準備する学年）になるまではスマートフォンを買うのを待とうと、親に訴えるキャンペーンだった。これに同意する親はキャンペーンサイトでスマホ購入を待つという署名をするようになっていた。さらに面白いことに、同じ学校の親が10人以上署名したら、お互いに署名者が誰だかわかるようになっていた。同じ決心をした親たちがお互いに知り合い、この問題について一緒に考えようという試みだった。当時、末っ子がすでに大学に入学したあとだったため私自身は署名する必要はなかったが、一瞬、過去の出来事が脳内をかすめた。私は3人の娘に対して、大学に入るまではスマホを買ってあげないと決めていた。そして、孤独な戦いを続けてきたからだ。この記事を読んで、遅ればせながらも同志に出会ったようで、

胸がいっぱいになった。ただちにキャンペーンの代表にメールして、私の経験談を伝え、スマホを与えなかったおかげでわが子たちが得たポジティブな効果を教えてあげたくなった。

　わが子たちが小学生だった頃、テレビとゲームに続いて子どもたちが立ち向かった挑戦は「ノー・スマホ」だった。当時は「ノー・パソコン」の原則の下、学校の宿題や学習に必要な場合を除き、好きに使えないようにしていた。この話をすると誰もが口をそろえて、どうすればそんなことができるのかと聞く。私は、親の意識さえ変えればもちろん可能なことだと答えてきた。なぜなら、この問題は子どもの問題ではなく、親の問題だからだ。
　例えば、幼い子がナイフを貸してと言ったとき、快くナイフを渡す親はいない。では、渡さない理由は何だろうか。それは、幼い子がナイフを持てば危ないというのが常識だからだ。子どもが成長するに従い、どうすればナイフを安全に、正しく使えるのかを教えてから与えるはずだ。このように、子どもにとってスマホはナイフのような危険物だと考えれば、どこの親が子どもにスマホを与えるだろうか。

　このキャンペーンを始めた人たちは、ほとんどが子を持つ親だった。このような姿勢は、典型的なアメリカ人の育児スタイルとはかなり違う。アメリカの親は、子どもが幼くてもその意思と自由を尊重するため、何かを強要することはあまりない。だから、このキャンペーンに参加した親たちは、子どもにスマホを与えることの危険性を認識した人々だということだ。彼らはキャンペーンを始めた当初、多くの人の賛同を得るのは不可能だと思ったそうだ。しかし予想とは裏腹に、2019年11月末まででアメリカ全域の2万2千人余りの親が自発

的に参加したそうだ。これは驚くべき事実である。

## シリコンバレーでは子どもにスマホを与えない

　では、アメリカでスマホの危険性を認識した人は、他に誰がいるだろうか。それは、シリコンバレーのIT企業で先端テクノロジーの開発をリードしている人々だ。彼らはすでに子どもたちに対するスマホの有害性を知っているため、自分の子どもたちが家でスマホを使うのを厳しく制限することがある。パソコンなどのデジタル機器を一切使わないという「ゼロデジタル」を方針とする特別な学校に、子どもを入れたりもする。他の学校の子どもたちのほとんどがGoogleであらゆる情報を検索しながら楽をして勉強しているというのに、その学校の生徒たちはデジタル機器を使わず、わからないことは教室に備わった百科事典で調べながら勉強するという。その学校は「ウォルドルフ・スクール（Waldorf School）」といい、2011年10月23日付の『ニューヨークタイムズ』で、「パソコンを使わないシリコンバレーの学校（A Silicon Valley School That Doesn't Compute）」という見出しの記事で紹介された。クリエイティブな思考や人間的交流、注意力がパソコンによって削がれるという理由で、デジタル機器を使わない教育を行っている。

　しばしば親は、子どもがパソコンの前に座っていると、勉強しているのだと安心する。しかし、パソコンを誰よりも理解しているシリコンバレーの人々は、そうでないことを知っているため、デジタル機器のない学校に惜しみなく大金を払うのだ。彼らは、百科事典と本で学んだ自分の子どもが、考え、討論し、書くというプロセスを通じて、

クリエイティブなアイデアを世界に発信することを期待していることだろう。

　私は、ヘミンが中学を卒業するまで携帯電話を買ってあげなかった。わが家では高校入学まで携帯は使わないというルールがあったからだ。そんなヘミンが持っていた唯一の電子機器は、学校のイベントの景品でもらったMP3プレイヤーだった。次女のヘウンも、姉と同じ道筋を辿った。しかし、末っ子のヘソンは違った。当時はすでに世の中が大きく変わっており、誰もがスマホを使っていて、携帯会社の競争が激しくなっていた。回線契約をするだけでも、家族全員が無料でスマホをもらえたのだ。だから仕方なく中学のときに買ってあげることになったが、当時はもう珍しくなったガラケーだった。携帯ショップの店員たちは、ガラケーを探す私を見て呆れていた。無料で手に入るスマホを拒み、注文しないと手に入らない時代遅れの製品を、お金を払ってまでなぜ欲しがるのか、不思議そうな顔をしていた。

　もちろん、子どもたちは不便だと文句を言った。それでも私は曲げずに、ルールを貫いた。今考えても、これは実に正しい選択だった。今子どもにスマホを与えないという決断をすれば、将来は子どもから感謝されるはずだ。他の子どもたちと違う道を行くのは不便で嫌だったかもしれないが、親の確固たる考えを子どもと話し合って共有し、十分に説得すれば、結局は子どもも受け入れてくれる。わが子たちも私の考えとルールに納得してからは、不平を口にしなくなった。

## よりよいものを選択させる

　中学生になっても、子どもが自分で自分をコントロールするにはまだ早い。やりたいことを我慢するには、訓練が必要だ。つまり、親の助けがいる。私は、絶対に子ども1人でパソコンの前に座らせなかった。私の目が届くように、パソコンは部屋ではなくリビングに置いた。ときどき学校からパソコンで読む電子教科書が配布されることもあったが、その都度必ず学校に申請して、紙の本でもらうようにした。付け加えて助言したいのは、子どもが眠るまでは親が先に寝ないということだ。子どもが勉強をしたり宿題をすませて眠りに就くまで一緒に起きていてあげると、子どもは親と一緒にいるという安心感もある。これもまた、親の根気が必要だ。これらを習慣化すれば、自己コントロール能力のある子どもに育つだろう。

　ただ、親が精いっぱいの努力を傾け、子どもがある程度まで自己コントロール能力を備えても、子ども自身が固い意志を持たない限り、スマホなしでは生きていけない。親が強制して物理的に持たせまいと思っても、そこにはおのずと限界がある。子どもが高校生になって、どうしてもスマホを持ちたいと言うのなら、もう買ってあげたほうがいい。子どもが自分からスマホは持たないという選択をするのならともかく、高校生にもなった子どもを高圧的に抑えつけることは、親子の関係を悪化させるだけだ。子どもを一方的に抑圧してスマホから遠ざけても、得るものより失うもののほうが多くなるだろう。

　親は子どもが小・中学生のあいだに、自らの道を選択できるような

哲学と価値観を持てるよう導いてあげることが大切だ。先に紹介した「8年生まで待とう」キャンペーンに参加したある母親は、娘への手紙に「スマホを渡した瞬間、あなたを失うかもしれないということが一番怖い」と書いた。親が子に与えられる一番のプレゼントは、幼い頃に親と一緒に過ごした温かい思い出だ。このように、子どもに対してどう思っているのか、親の気持ちを伝えるのもよい方法だ。ある母親は中学卒業を前にした息子を連れて、アイビー・リーグ（米国北東部にある名門8大学）のツアーに行ってきたそうだ。大学のキャンパスを自分の目で見て夢を膨らませた息子は、自らスマホを持たない決断をしたという。よく話し合おうとする親の不断の努力と真心が、子どもを自ら決断できるように導いたのだ。

スマホが日常化された世界で、人とは違った方法で育ち大変だったであろう末っ子のヘソンは、ハーバード大学に願書を送るとき、スマホなしで過ごした頃の話をエッセイに書いて提出した。のちに受け取った合格通知書には、エッセイで読んだスマホの話が深く心に残ったという、入学所長直筆のお祝いのカードが入っていた。

## 02
# 同一性と多様性、どちらも経験すべきだ

### 世界を見る目を育てる

　中学生になると、小学生のときとは違い、多くの変化が生まれる。長女ヘミンの場合、ケンタッキー州レキシントンという小さな街からカリフォルニア州のLAという大都市に引っ越し、人生のすべてが変わった。学校の規模もずっと大きくなり、レキシントンとは違って韓国人学生もたくさんいた。これまでは田舎にいて、せっかく学んだ韓国語も使う機会がなかったが、LAに来てからは韓国語だけで生活できると不思議がっていた。同じアメリカのなかでもこれほど環境が違うことに、私もかなり戸惑った。大人でも感じた変化は、子どもにとってはより大きかっただろう。ケンタッキー州では、コリアン・アメリカンはほぼいなかったため、自分が異邦人のように感じたというヘミンだったが、LAの学校と教会では多くの韓国人の子らと出会うことになり、うれしい半面、しばらく慣れなかったそうだ。5歳でアメリカに来た子どもが初めて経験する韓国人コミュニティーは、ヘミンに自分が何者なのか気づかせるきっかけになった。

次女のヘウンが中学生になって一番印象に残っていることを選ぶのなら、民族の違いに対する認識が生まれたことだという。小学生までは民族や出身国を意識しておらず、ただみんな自分と同じ子どもだと考えていた。しかし中学生になり、友達が自分とは違うさまざまなバックグラウンドを持っていることをはっきりと感じたそうだ。ヘミンが韓国人コミュニティーで同一性を感じると同時に、文化的背景の多様性に目覚めた時期も中学生のときだった。

　レキシントンで生まれ、2歳でLAに来た末っ子ヘソンの中学時代は、姉たちとは違った。LAで暮らしながら自然にアメリカの韓国人コミュニティーに属したため、姉たちのように自分が異邦人だという感覚があまりなかった。そんな背景で、姉たちよりも安定した環境と韓国人コミュニティーのサポートを受けながら、生活の大きな変化や苦労もなしに中学生になれた。そんなヘソンにとって特別印象深かったものは、校内で目にした貧富の格差だった。

　ヘソンは、カリフォルニア州教育部主管の全科目英才プログラムを運営する公立小学校に通っていた。その小学校は学力レベルがずば抜けて高く、学力評価指数（APR）の平均は1000点満点の976点だった（州内の公立小学校の平均は751点）。入学するのも難しく、途中から転校した姉たちは通えなかった。その英才プログラムは、子ども自身がレベルに達していることはもちろん、家庭の財政状況や親の熱意も求められたからだ。

　その後、ヘソンが入学した中学校は、普通学級と英才児学級が混合

された学校だった。この学校の生徒の大半は、南米から移民したヒスパニック系の低所得層の子どもたちだった。アメリカの公立学校では、低所得層の子どもは申請すればランチを無料提供されるが、この学校では申請の必要はなかった。つまり、申請の必要がないほど、低所得層が多かったということだ。姉たちもこの中学校に通ったが、ヘソンが入学した当時は通学地域の中流・上流層がどんどん他地域に引っ越していき、代わりに南米からの移民が増加し、自然と子どもたちもヒスパニック系ばかりになった。ヘソンはこのような中学校に通いながら、家庭環境が大変で親に頼れない友達にたくさん会い、家庭ごとに状況も異なることを知ったそうだ。わが家も余裕のあるほうではなかったが、感謝すべきことも多いとも思ったという。ヘソンはこのような学校に通うことで、移民たちの経済的困難を目の当たりにし、社会的弱者について興味を持つようになった。

## 同一性と多様性を経験させる

　中学時代は、アイデンティティが確立され、多様性に触れることで社会的・経済的構造をぼんやりと感じ、経験する重要な時期だ。他者を発見してコミュニティーに所属することで、生活の範囲が広がっていく。このとき、同一性と多様性について、もっと経験させる必要がある。

　うちの娘たちは、同一性の経験をするために、同年代の韓国人の子どもたちからなるコミュニティーに属する必要があった。自分と同じ境遇の子どもたちに会ってやりとりすることで、お互いの苦労と困難を共有できた。多文化社会のマイノリティーとして、知らず知らずのうちに人種差別を受けることは必ずあるからだ。さらには、同じ経験

をしたメンターと出会えれば、もっと助けになる。こうして同一性を経験しながら、自分が何者なのかを知ることができる。このように、中学生時代には何よりも自分自身を見つける経験ができるよう、親が手助けしてあげるべきだ。

　同一性に劣らず重要なのは、他民族について理解し、その文化に触れる機会を作ることだ。子どもが帰ってきて、学校であったことや友達の話をするとき、親が「その子はどこに住んでいるの？」「親御さんはどんな仕事をしているの？」といった質問をし、無意識に先入観と差別を作り上げてしまうことがある。親のさりげない一言も、知らず知らずに子どもに影響を与えている。もう、世の中は変わった。うちの子さえよければいいというわけではない。多様な文化と経験を持った人たちと友達にならないといけない世界だ。アメリカほど多様なバックグラウンドを持った人たちと出会える場所が、他にあるだろうか。そのおかげで、世界各地に出かけていかなくても、子どもたちはいくらでも多様性に触れ、学ぶことができる。

　親の先入観さえ捨てれば、子どもは多様性を学び、受け入れて、人生の幅を広げていくことができる。アメリカでは、アジア人は勉強ばかりして社会性がない、という偏見があるが、そこから抜け出して、多様なバックグラウンドを持った子どもたちと交流できるよう、正しいマナーで適切に感情を表現できるように教えた。同一性と多様性に触れることで、視野が広がり、新しい世界への期待が高まる。高校に上がる前に好奇心を伸ばしてあげ、いろいろなことに挑戦できるよう、世界を経験する土台を作ってあげることが大切だ。

# 03 思春期という峠を賢く乗り越えるには

## 思春期をきっかけに、さらに成長できる

　子どもが小学校高学年や中学生になる頃、親がぶつかる大きな問題が1つある。それは思春期だ。大きく変化した子どもの姿に、多くの親が戸惑うことだろう。今は成人した3人のわが子たちに思春期の頃について聞いてみると、それぞれ異なった経験と思いを語ってくれる。

　長女のヘミンは、生理的・身体的変化が強く記憶に残っているそうだ。思春期が始まった中学入学の時期は引っ越しと重なったため、生活環境の変化と体の変化がぶつかることになった。長女だからか、ヘミンはすべての面で模範的で、一度も親を失望させたことのない頼もしい子だった。だから中学入学をきっかけに、親子の関係に変化を作ることにした。私はヘミンに、罰を与えたり叱りつけることをやめ、お互いに1人の人間として話をすると宣言した。それまでヘミンには妹たちよりも厳しくして、ときには罰を与えたり、叱ったりもした。

しかし中学生になったヘミンを、これからは独立した人格として尊重し、大人として接することにしたのだ。

思春期に差し掛かったヘミンは、身体的・生理的変化に敏感になった。田舎暮らしのときとは違い、見た目にも気を使い、同性の友達との関係を重要視し、異性にも興味を持っていたようだ。

ヘミンの変化の1つは、「女だからだめ」「女は黙っていろ」といった言葉を吐く男子たちの言動を黙って見過ごすことができなくなった点だ。LAのコリアンの男子たちは、平気で女性を見下すようなことを言ったり、見た目を笑いの対象にすることも多かった。ケンタッキー州の田舎に住んでいた頃は、こうした儒教的考えの人にはあまり会わなかったため、彼らの言動に接するたびに腹が立って仕方なかったという。体や心が大きく変化する時期だったため、このような経験はヘミンの女性としてのアイデンティティと悩みをもたらした。そして、堂々と自分の能力を見せつけてやると決心させた。思春期の変化と経験が、挑戦するきっかけになったのだ。

## 思春期だからといって甘やかしてはいけない

次女のヘウンの思春期は、3人のうちで一番大きな感情の波があった。繊細で感受性豊かなヘウンは、幼い頃から自立心が強く、独創的な性格だったため、親との衝突も一番多かった。第二子の特徴がそのまま現れたかたちだ。例えば子どもとして接すると、もっと大人扱いするよう求めてきた。親の考えをそのまま受け入れることもなく、いつも自分の考えと判断を通してから受け入れていた。もちろん私も、利己的な感情的意見や、客観的根拠のないわがままは受け入れなかった。

ヘウンは夜型人間で、いつも夜ふかしして朝寝坊していた。だから朝はいつも機嫌が悪く、登校の車のなかでもよくイライラしていた。思春期の少女の反抗だと思って我慢してあげるべきかと悩んだこともあった。これから学校に行く子どもを叱りつけても、何もいいことはないとも思った。しかし、こんなことが重なると、ヘウンのせいで他の家族の気分にも悪影響が出る。そこで私は、そんな日はもう学校を休ませることにした。わけもなくイライラしながら学校に行くより、いっそ家にいるほうがマシだと言って、ハンドルを切って家に帰ってきたこともあった。これは一種の罰だった。というのも、ヘウンは誰よりも学校が好きだったからだ。

　知り合いにこの話をすると、「どうして学校を休ませるのか、授業を受けないで成績に響いたらどうするのか」と驚き、心配する人もいた。しかし、子どもの人生と勉強のどちらが大事かと考えたら、答えは簡単だ。幸い、ヘウンは学校が好きだったからこそ、朝のイライラ癖を直すことができた。思春期だからといって、子どもの問題をすべて見て見ぬふりはできない。思春期の子が何をしても親は我慢すべきだというのは、決して解決策にはなりえないのだ。

## 子どものタイプに合わせて対応する

　思春期とは、子ども自身で自分が重要だと思うものを選択し、価値観を形づくる時期だ。そうなると、価値観の違いをめぐって親子のあいだで衝突することもある。特に子どもは親の矛盾した行動やごまかしを見ると反抗するので、心がけるべきだ。子どもとの摩擦を減らす

には、親が自ら正しい生活をすることだ。子どもとの親密な関係を維持し、親への信頼を保とうと努力することが、思春期の葛藤を解決する唯一の方法なのだ。ヘウンのように独立心旺盛な子には、無理に話し合おうとするよりも少し距離を置くのも1つの手だ。親が直接介入する代わりに、メンターを探すのもいい。ヘウンの場合、中学1年生を終えた夏に参加したキャンプで出会ったカウンセラーたちからアドバイスを受け、成長の足掛かりをつかんだそうだ。青少年期の適切なメンターとの出会いは、親との会話よりもよい影響をもたらすかもしれない。

　3人の娘の思春期を通して痛感したのは、子どもごとにタイプが違うことを忘れてはならないということだ。各自の発達のペースはもちろん、価値観も違う。だから子どものタイプに合わせて、親の対応も変えるべきだ。大人の目から見て結果が明らかだとしても、すぐに答えを出してしまうより、子どもが直接経験し、その結果を自分の目で確かめることが大切だ。結果は失敗だとしても、その過程で気づいたことを通じ、失敗から素早く立ち直ることを学べる。少しずつ子どもに選択権を与えるようにして、望みの結果を得るにはどうするべきなのか、自ら考えて最善の道を探させよう。

　小学生のときは自由を与えておきながら、思春期になると心配のあまり厳しくするという、逆行する教育をするケースもある。そうすると親子双方が混乱することになる。親にとってしんどい時期でも、ゆとりを持ちユーモアを忘れないことが大切だ。いつも笑顔で子どもに接する、愛のこもった余裕を持つことこそ、思春期を迎えた子どもの灯台としての親の務めだ。

# 04 子どもの情熱と夢を持続させる5つの方法

## 子どもの隠れた可能性を引き出す秘訣

　子どもは、心のなかに情熱と夢を秘める小さな巨人だ。そんな存在を前にすると、私は自然とわくわくする。いったいどんな育ち方をしたら、そんなに輝けるのだろうか。このような情熱と夢のモチベーションは、いったい何なのだろうか。そして、その子の親はそのモチベーションをどうやって保たせているのだろうか。

　これまで会った親御さんたちから、「うちの子にはもっとチャレンジ精神を持ってほしい」「もう少し積極的だったらいいのだけど」といった悩みを多く聞かされた。このように、多くの親が共通して抱える悩みの1つが、モチベーションについてだ。どの子にも巨人になれる素質が生まれつき備わっている。情熱を燃やすきっかけさえあれば、夢を叶えるエネルギーは自然と作られるものだ。親が子どものモチベーションを上げようとする目的が、ただ勉強ができる子に育てて名門大学に入れたいというものでなければ、それはいくらでも可能だ。

成績と勉強に直結するモチベーションではなく、何かを好きにさせ情熱を持たせるきっかけを用意してあげれば、どの子も夢を叶える巨人になれるものだ。では、どうすればいいだろうか。わが子たちの場合、モチベーションを上げる5つの方法があった。

## 1. 自尊心を高める

　うちの娘たちには共通点が1つある。自分は何でもうまくできるという確固たる自尊心を持っていることだ。つまり、自分の価値を高く評価している。もし子どもが自信なさげにしていたら、何よりもまず自尊心を高めてあげることが大切だ。その一番の方法は、子どもがどれほど大切な存在かを教えてあげることだ。世界でただ1つの存在であり、愛されるべき価値がある人間だということを、しっかり伝えればいいのだ。自尊心の高い子は、何をしてもポジティブな情熱を示すものだ。

　末っ子のヘソンは中学1年生のとき、尾てい骨をケガして医者から運動をしないように言われた。学校には診断書を提出して、体育の時間も休むことになった。ところが問題は、1、2週間ではなく数カ月も運動を禁じられたことだった。最初のうちは体育の先生も快く了解してくれたが、3、4カ月も過ぎると、体育の先生に疑われているような感じがしてきたという。ケガを言い訳に運動をサボる、不真面目な生徒だと思われているかもしれないと、ヘソンは落ち込んでいた。
　ケガが完治してようやく体育の授業にちゃんと参加できるようになると、ヘソンは先生の誤解を解くために休まず頑張って授業に参加した。当時は陸上の授業ばかりであまり成績はよくなかったが、頑張る姿を先生に見せたかったヘソンは、父親から走り方のコツを伝授して

もらったりして、欠席の穴を埋めるためにコツコツ努力した。そして学期が終わる頃には、学年で２位という成績を残した。最終的にヘウンの真剣さと頑張りが先生の心を動かし、先生も自分を気に入ってくれていると満足した様子だった。このように自分を肯定する自尊心があってこそ、誰にも言われなくてもそれを証明するために努力し、ついには実を結んだのだった。

## 2. 失敗の経験

　クリエイティブな性格の次女のヘウンは、特に作文が好きだった。だが、中学生くらいの年頃では、自分の才能のレベルを客観的に見ることは難しい。ただ好きだから、面白いから、という理由で動く年齢だからだ。

　ある日、学校から帰ってきたヘウンの表情が暗かった。学校の図書館でエッセイ大会があったのだが、図書館の司書の先生がヘウンの文だけをエッセイ集に載せてくれなかったからだった。ヘウンの話を聞くと、提出された全員のエッセイを集めた文集が作られたのに、一生懸命書いた自分のエッセイだけがなぜか載せてもらえず、ガッカリしたということだ。そのわけが気になったヘウンは、思い切って司書の先生に聞いてみると、「copied」と書かれた自分の原稿を返されたそうだ。「君が書いたのはすでに出版された文章をまねたものだと判断されたよ」と先生が言うので、違うと反論したが、信じてもらえなかったという。

　まず、悲しんでいるヘウンを慰め、これからどうするか話し合うことにした。しばらくすると気が晴れたような表情で、こう言った。

「ママ！　考えてみたら、私って書くのが上手なんだね。出版された本の文章だと誤解されるほどうまいってことじゃない？」

　ヘウンは自分の文章力の高さを誇るように、胸を張った。悔しい誤解ではあったが、考え方を変えれば、ヘウンの言う通り本当に文筆の才能を認めてもらったようなものだ。それ以来、文章がうまいと褒められると、それが単なるお世辞ではないのだと信じられるようになったという。失敗の経験が、モチベーションにつながったわけだ。こうしてヘウンは文章力に自信がつき、さらに作文に打ち込むようになった。

## 3. 興味が情熱を高める

　長女のヘミンは５歳のときにピアノを始めた。もちろん初めは、自分がやりたくて始めたわけではない。ピアノを習わせれば教会で伴奏ができるだろうという、私の希望からだった。幼いうちは必ず練習に付き添う必要があったし、嫌がっても無理やりピアノの前に座らせないといけなかった。ところが中学生になると、ピアノに対する態度が変わった。ピアノの先生が言うには、「音楽を感じる」ようになったそうだ。当時、ヘミンは先生が教えてくれるきれいな音色や心地よい曲がとても好きだったという。そんな曲を自分でも弾いてみたくなり、難しい奏法も頑張って練習するようになった。ピアノに興味が生まれ、そのおかげでピアノが上手になりたいというモチベーションが高まったのだ。

　末っ子のヘソンも、興味のおかげでモチベーションが上がったことがある。学校の科学大会の賞品でもらったヒヨコを飼うことになり、

ヒヨコが好きになった。暖かい場所が必要なので2つあった家のトイレのうち1つをヒヨコの飼育場にしたのだが、とにかく臭いがひどかった。家族全員が小さなヒヨコに閉口していたが、ヒヨコが大好きだったヘソンは臭いさえ感じなかったようだ。結局、屋外に鶏小屋を作って問題は解決できたが、ヘソンのヒヨコ愛に終わりはなかった。丹精込めて1つの生命を育てたことで、ヘソンは自分が本当に好きなことを発見したのだ。このように、自分が好きなことを探し当てれば、それがモチベーションをアップするきっかけになる。

## 4. 責任感と励まし

　長女という言葉が持つ重みそのままに、ヘミンはふだんから責任感を持って行動する子だった。私と夫はいつもヘミンに、「一番上の子がしっかりすれば妹たちもしっかりする」と聞かせて育てた。親が仕事で忙しいと、妹たちの面倒を見るのがヘミンの仕事になった。ヘミンはそうやって長女としての責任を果たしていたが、私も知らず知らずにヘミンに頼っていたのも事実だ。

　ヘミンが小学5年生のときのこと、ベビーシッターの資格取得の広告を見つけたヘミンが、なぜかそれに申し込みをしたのだ。理由を聞いてみると、勉強して資格を取れば、もっとうまく妹たちの世話ができるから、と言うのだった。お姉ちゃんは資格まで取ったんだね、と褒めると、自然とヘミンは家の外でも模範になろうとして、責任感のある行動を取るようになった。責任感が、正しい生活をする動機になったわけだ。子どもにはやや重い責任だったかもしれないが、おかげで妹たちも姉をロールモデルにして、しっかり育ってくれた。ときに責任感はプレッシャーだが、これも肯定的に考えればよいモチベー

ションとなる。

## 5. 身近なロールモデルの存在

　末っ子のヘソンが中学に入るとき、初めてオープンハウスのイベントに参加した。オープンハウスとは学期が本格的に始まる前、各科目の担当教員が授業で何をどう教え、どんなプロジェクトを行うのかを紹介する、学期で一番大きなイベントだ。親子で学校ツアーもし、今後の学校生活のイメージも知れて有益だった。

　英語と歴史を教えるクラスを見学したとき、先生が授業内容を説明しながらサンプルのエッセイを見せてくれたのだが、その筆者は知っている名前だった。すなわち、長女のヘミンのエッセイだったのだ。当時、ヘミンがその中学を卒業してもう10年も経っていたのに、いまだにエッセイがサンプルに使われているのを知り、驚きとうれしさで思わず顔がほころんだ。先生も私たちに気づいて、とても喜んでくれた。実は、誰よりも驚いたのは他でもないヘソンだった。毎日家で顔を合わせる姉に対して自然と尊敬の念を抱き、自分も姉のように頑張って他の生徒のよい手本になりたいという情熱が生まれたようだ。このように、身近な家族がモチベーションになることがある。

　身近な人によるモチベーション向上は、学校の先生からでも可能だ。

　ヘミンの場合、他の科目は特に苦労なく楽しく勉強していたのだが、数学だけはかなり努力した。そんななか、中学2年生のときに数学の先生に言われたことをきっかけに、数学にも自信を持てるようになったそうだ。その先生はヘミンを数学がよくできると褒め、高校に行ったらもっと難しいクラスを選択するようにとアドバイスしてくれ

た（アメリカでは同じ学年でもレベル別にクラスを選べる）。ヘミンは先生の励ましのおかげで、数学恐怖症を克服できたという。

　これらの例のように、モチベーションになるものは意外に身近にある。遠いところにいる縁もゆかりもない有名人よりも、近くの人々を探してみよう。

　うちの教会は設立して14年になるが、地域の青少年を対象に活発に活動して高い評価を受けている。私たち夫婦は教会を始めたときから、地域社会の教育を重視することを決め、おかげで教会内に多くの人材が誕生した。わが子たち以外にも、数名が有名私立大学やカリフォルニア州立大学に進学した。小規模で歴史も浅い教会で、どうしてこんなことができたのか。それは、うちの教会に通う子どもたちは身近でよいロールモデルに会えたことが、一番の理由ではないだろうか。「毎日一緒にご飯を食べ、礼拝をし、遊んでいた先輩たちが、名門大学に入ったんだ！　じゃあ私にもできるかな」と思うようになるからだ。

　目標を達成した人を間近で見ていると、自然とインスピレーションを受ける。そして自分も目標が達成できそうだという自信もついてくる。こうしてロールモデルと関わり、いつも刺激を受けるなかで、それに見習おうとする好循環ができる。だから親は、子どもの周りの環境をしっかり見ながら、子どもに肯定的な刺激を与えるロールモデルを見つけることが重要だ。わが子のロールモデルは意外に近くにいるのだということを覚えておこう。

## 05

# 勉強しか知らない井の中の蛙にしてはならない

## 世界は多様な経験に満ちている

　子どもが中学生になると、正式科目以外の活動にも気を配る必要が出てくる。中学生の親でなくても、早期教育を重視する親なら、小学校高学年くらいから学校以外の場で何をやらせようかと考える人も多いだろう。わざわざ私のところにテストの結果を持ってきて、自分の子が英才児だとわかったから、これから何をどうするべきかと相談してきた親御さんもいた。評判の高い塾がある地域に引っ越して、ディベートやプログラミング、各種コンテストなどを専門的に準備したほうがいいのか、と言うのだ。基本的な学習は学校でやるだろうから、その他のことを専門的にやらせたいというのが、その人の考えだった。

　しかし、学校の正式科目以外の、勉強とは無関係な活動をするのに、どうしても塾やスクールに行かせる必要があるのだろうか。お金をかける必要もない。こうした活動は、学内と学外とを問わずさまざまなものがあり、特に1つに絞る必要もない。先生も必要ない。では、

なぜ課外活動をやる必要があるのか。それは子どもの成長を助け、特に主体性を伸ばすのにいいからだ。それに中学生の時期は、多様な活動を思い切りできる最後のチャンスでもある。

うちの3姉妹が中学生のときにやっていた課外活動は、特別なものではなく、誰でもやっているような平凡なものだった。学校ではオーケストラ、図書館の読書クラブ、リーダーシップ・プログラム程度だった。近年ではアメリカの親も教育熱心になり、幼い頃からいろいろな活動をさせるようになったので、末っ子のヘソンのときは学校でできる課外活動が増えた。そのなかには文学、数学、芸術、科学、社会の5つの分野で個人またはチームで各種大会に参加する「ペンタスロン（Pentathlon）」というクラブもあった。学外活動としては、幼い頃からやってきたピアノ、バイオリン、美術、そして地域社会で提供される無料クラスくらいだった。一度始めたものはできるだけコツコツ続けさせたが、興味を持って長続きしたものもあれば、合わないと思ってやめたものもある。

## ボランティアも立派なスペックになる

比較的早くから始めた活動を挙げるなら、地域コミュニティーのためのボランティアだ。この活動はうちの教会で定期的に行っているもので、子どもたちも必ず参加していた。

あるとき、地域コミュニティーのための青少年合唱団が作られ、当時中学1年生だった末っ子のヘソンも初期メンバーになった。実はヘソンは歌が得意ではなかったが、教会の活動を助けるために参加した

のだ。結局、高校卒業まで合唱団の活動を続けたのだが、驚くべき変化が見られた。ヘソンが高校1年生の頃、合唱の練習に送っていく途中、気が進まないのに無理に続けているのではないかと、ふと申し訳なくなり、「今日は早く終わると思う。大変だけどもう少しだけ頑張って！」と声をかけると、意外な答えが返ってきた。「ううん、ママ、私、歌うのが好きになったんだ。みんなでハーモニーを作るのは楽しいよ」と言うのだ。練習するなかでこんなにも気持ちが変わるのかと、ありがたく思った。

　また、ある日のこと、ヘソンがかわいいヘアピンを持って帰ってきた。友達が自作して学校で販売しているものをもらってきたという。若い子の好みに合わせているため、人気があってよく売れるのだそうだ。私はそれを聞いて、実に興味深い課外活動を主体的にやっている子がいるものだ、と感心した。そして、ヘソンもそこからいい刺激をもらえたらと思い、自分が何をしたいのか真剣に考えてみるよう勧めてみた。面白いこと、好きなことならなんでもいいと言うと、ヘソンが悩んだ末に選んだのはカリグラフィーだった。手作業が好きな子なので、ぴったりだと思った。ところが、大きな問題があった。教えてくれる人が見つからないのだ。それでも、==子どもがやりたいと言っていたら道を開いてあげるのが親の務めだ。==結局、数日間探し回ってどうにか先生を見つけた。ちょうど一緒に習いたいという他の韓国人が見つかり、3人で授業を受けることになった。

　ヘソンはそれから10週間、本当に楽しそうに習っていた。そうやって基礎を学んでからは、YouTubeを見ながらいろいろなスタイルの文字にも挑戦した。また、夏休みには特別講座にも参加し、新しい技術

を身につけていった。おばさんたちに交じって一緒におしゃべりをしながらカリグラフィーを習う中学生が、アメリカに何人いるだろうか。全国規模のカリグラフィー協会にも、最年少会員として登録した。

　<mark>他の人とは違った、自分だけの何かを持っているということは、重要な資産になる。こういう希少性を持てば、ユニークで個性のある人間へと成長できる。</mark>高校3年生になってハーバードに早期願書を提出するとき、ヘソンは追加書類にカリグラフィーをする姿を動画に撮って提出した。ハーバードの受験生のうち、このように個性ある趣味を楽しむ姿を提出した者がどれほどいただろうか。特にカリグラフィーの動画を送ったのは、ヘソンただ1人ではないだろうか。

　他にヘソンが夢中になった活動は、前にも話した障がい児のための馬牧場のボランティアだった。大の動物好きのヘソンにとっては、興味津々の課外活動だったに違いない。大好きな動物を間近で見られる絶好の機会なので、大喜びで始めた。牧場で重要な役目を果たすために、臭いも嫌がらずに馬糞の片づけを進んでやり、7年間も続けたのだ。<mark>子どもが主体的に参加した活動は、いつか他の人にも認めてもらえる</mark>ものだ。

# 06
# 存分に創造する
# 自由な子に育てよ

## かわいい子には旅をさせよ

　ここまで紹介したわが子たちの課外活動を見ると、他の子と比べて多くの経験をしたと言えるだろう。では、どの活動が子どもの成長に最も寄与しただろうか。正解は、自分で選んだ自発的な活動だ。主体的・能動的に進めることで成長でき、結果もまたよかった。中学生の時期は、子どもが巨人に成長するための可能性と潜在能力を蓄積する時間だ。別に興味もないのに親に言われるままやっても、それは成長につながらない。好きな活動、意味のある活動があれば、それだけでも巨人になる可能性が証明されたと思っていい。柵のなかで思う存分に新しいものを作る能力を備えれば、柵を越えて世間の荒波に漕ぎ出しても、創造的な人間として生きていける。

　ここで一番大事なのが、目標を定めることだ。私は、韓国人移民家庭の支援をするNPOである韓米家庭相談所のセミナーに参加した際、自発的に目標を立てることがどれほど重要なことかを痛感した。

当時、韓米家庭相談所は地域のコリアンの青少年を対象に、米連邦議会賞について紹介するセミナーを開いていた。このセミナーで紹介されたある学生は、活動的なことが好きではなく体力もなかったが、米連邦議会賞に挑戦したことをきっかけに、別人のようになったという。賞に挑戦することで、さまざまな趣味を持つようになり、高校生になってからはテニスも始めたそうだ。おかげで自信もつき、幅広い人脈と健康まで手に入れた。この学生は、このような言葉で発表を締めくくった。

「自分には無限の可能性があることがわかり、目標に向けて努力すれば何でもできるという自信がつきました」

　Part1でヘソンのチャレンジの例として紹介した連邦議会賞とは、13〜23歳の青少年を対象とする、ボランティア、自己啓発、身体の鍛錬、探検の4部門からなるプログラムである。1979年に始まり、40年以上にわたってアメリカの青少年の育成に好影響を与えてきた。主催側は基本的な枠組みを提示するだけで、細部の活動や目標については参加者自身が決めねばならず、活動計画、目標設定、実践内容、プログラムを通して得られたものについてエッセイを書いて提出する。各部門の活動を24カ月以上続けると金メダル受賞の対象になるが、毎年約5万人が挑戦して、金メダル受賞者は1%にも満たない450人ほどだ。

　私は、わが家で一番かわいがられて苦労せず育ったヘソンにぴったりなプログラムだと思った。末っ子だから常に助けてくれる人がいて、姉たちのように自分から進んで行動するより、受け身のタイプだった

ため、よけいにそう考えたのだ。早くから挑戦させれば、高校生になる前に主体的に活動するのに役立ちそうだった。

中学生くらいから課外活動を始める子は多いが、無計画にあれこれ手を出しては、時間を無駄にしたと後悔することはよくある話だ。しかし、このプログラムに挑戦すれば、目標設定と具体的な計画を実践することで、自分の興味の方向がどちらにあるのか考えるよい機会になるだろう。

## チャレンジと目標達成で大きく成長したヘソン

米連邦議会賞にチャレンジすると決めてから、ヘソンは400時間のボランティア活動を満たすために、韓国語学校の助手、馬牧場セラピーのサポート、カリグラフィーの講義など、自分の特技を活かして取り組んだ。自己啓発の200時間は、これまで通りプログラミングを習うことにした。身体の鍛錬も200時間で、これはヨガとゴルフを始めることにした。主にプログラムの最後に行う探検は、目標を設定するのも難しく、特に苦労した。4泊5日にわたり日常生活から離れ、旅をしながら新しい経験を積むという、最も自由でクリエイティブな活動だったからだ。前述した通り、ヘソンは悩んだ末に「公共交通機関を利用したLA探検」という目標を設定し、探検の課題も首尾よく終わらせた。

このように、ヘソンは数年にわたる米連邦議会賞への挑戦を通して、本当に大きく成長した。もちろん失敗もあり、思った通りに進まず計画を修正することもあった。ときには結果を正確に把握できず、

最初からやり直したこともあったが、最後にはすべての活動を終えることができた。確認書類とエッセイをまとめてワシントンD.C.に送るときは、実に感動的だった。それから数カ月後、審査が通って金メダルが授与されるとの喜ばしいニュースが入ってきた！

　金メダルと一緒にもらった受賞者442人の活動を要約した冊子を見ると、950kmをドライブした子、カリフォルニア州のキャンプを巡回した子、カナダでカヤックに乗って探検した子、ダライ・ラマに会いにヒマラヤを訪れた子など、誰1人としてテーマと目標が被らないほど多彩だった。創造力に満ちあふれた冊子を見ながら、この子らは真の自由を味わい、新しいものを創る能力者になったのだと感じた。

# 07 親子ともども満足できる長期休暇の秘密

## しばらく勉強を忘れさせる

　1学期が終わり夏になると、子どもたちは夏休みへの期待に胸を膨らませる。つらい勉強から解放される長期休暇を待ち望むのは当然だ。夏休みも取らずに勉強したい子はいないだろう。一方の親は、休みのあいだに遊びすぎると緊張が緩んでしまうかもと焦りを覚えるのも事実だ。休みに対する親子の考え方にあまりに大きな差があると、衝突も起こる。やはり親は、子どもには休みのあいだに大きく成長してほしいと願っている。特に中学生なら、夏休みに勉強の不足を補い、高校進学の準備をしてほしいと思うだろう。親のこの願い自体は間違ってはいない。しかし、長期休暇を学業の延長として捉え、勉強ばかりしていたら、子どもは高校に行く前に息が詰まってしまうだろう。

　私も長期休暇のたびに悩んでいた。どんな計画を立てさせればいいのか。子どもたちをもっとわくわくさせるものは何だろうか。教室と

いう閉ざされた空間で型にはまった勉強だけをしてきた子どもにとって、夏休みは日常を破って自由で新しい環境に飛び込むチャンスになるかもしれない。新しいものに対する好奇心を抱き、これまで経験したことのない活動を通して、知らなかった自分を発見できるかもしれないからだ。苦手科目の補習ばかりさせても、子どもの心は動かせない。夏の活動でプラスの刺激を受ければ、やるなと言われても自分から勉強するようになるはずだ。

　中学生のうちから子どもを野に放ち、自分の殻を破るような経験をさせれば、意欲あふれる子どもへと育っていく。こうした中学時代の夏の活動を高校入学後も続けていければ、自分独自の活動ができるだろう。高校で自発的な活動をさせるには、中学のときからの訓練が必要なのだ。

　子どもに特別な経験をさせるにはお金がかかると思っている人は多いが、それは間違いだ。10代の子どもに有意義な経験をさせるには、お金をかける必要はまったくない。勉強以外のことなら、すべてが新しい経験になりうる。自分だけで家を離れてみるだけでも、十分に非日常を味わうことはできる。

## 家を離れる機会を与える

　家と親から離れる経験は、子どもをわくわくさせるには十分だ。勉強から離れ、親の助力なしに自力で暮らしてみることは、子どもに意欲を吹き込む。うちの子たちが初めて家を離れてキャンプや林間学校に行ったときの背中は、今でもはっきりと覚えている。子どもたちは親の心配をよそに、大喜びで出かけていった。

長女のヘミンは、小学校を卒業してすぐに数百人が集まる青少年カンファレンスに参加した。当時、最少年の参加者だったヘミンは、初めて１人で家を離れて過ごすことになった。のちにヘミンに当時のことを聞いてみると、「ママとパパから離れて１人で行ったから、本当にわくわくした」と答えた。お姉さん、お兄さんたちに交じっての参加も楽しかったし、班に分かれて討論するのも面白かったと思い出話に花を咲かせた。さらにカンファレンスの最後の夜、まとめの発表をする時間があったのだが、多くの学生が集まる場所で最年少参加者のヘミンが発表したのだという。この経験に、ヘミンはどれほど心を弾ませたことだろう。彼女の将来を占うような出来事でもあった。

　次女のヘウンと末っ子のヘソンも、姉と似たような年齢で家を離れて１人で過ごす経験をした。このような夏の活動は、高校と大学に行ってからも続いた。大きくなるほどより遠くに行き、新しい経験を求めて他国に行ったりもした。このように早くから子どもたちに新しい経験をさせた理由は、それらの経験を積んでぐんと成長する姿が見えたからだ。そのため、次の夏には何をするのか子どもと一緒に期待するようになった。

　アメリカの大学では、地域の中高生を対象に毎年サマーキャンプを行っている。わが子たちもこのプログラムの恩恵を受けてきた。奨学金の申請もでき、参加費も所得に応じて優遇されるので、経済的に困ることはなかった。わが子たちはカリフォルニア州立大学が主催する小学生対象の「SAPESS（Summer Academic Program for Elementary School Students）」から、中高生対象の「SAEP（Summer Academic

Enrichment Program）」まで通して参加した。このキャンプの目的は、子どもの人格育成、創造力増進、そして勇気づけることにある。子どもにとって、自分が何が好きで、どんな分野に興味があるのかはなかなかわからない。だからこのようなキャンプに参加し、そこで提供されるさまざまなプログラムを選択し、完了させれば、子どもは自分の好みと興味ある分野は何か、そして何を学びたいのか、はっきり確認することができる。中学生のうちにこうしたキャンプに参加することで、高校で何をすればいいかわからず時間を無駄にすることもなくなるのだ。

末っ子のヘソンは、もう少し特別なキャンプに参加する機会があった。英才プログラムのある中学校ではSATを受ける前の試験PSATを6年生から受けることができるが、ヘソンはこの試験で好成績を上げたため、毎年夏休みにジョンズ・ホプキンス大学が運営する英才教育プログラムである「CTY（Central for Talented Youth）」に参加することができた。6年生の終わりの夏休みには、科学捜査について学んだ。仮想の犯罪現場で採取した指紋や血液サンプルを分析したり、DNA検査も行った。ヘソンはこの経験を通して、特に生物に興味を持つようになった。中学2年生の夏休みには人間の病気について学び、いろいろな実験もやった。なかでも一番記憶に残っているものは豚の解剖実習で、最初に豚の腹を切開する瞬間は緊張したそうだ。しかし、実際に解剖してみるとむしろ興味深く、いっそう生物学に興味が湧いてきたという。

このように長期休暇の活動は、親が手取り足取り準備するより、子ども自身が親元を離れて新しい経験に浸ることで、主体的に未知の世

界を探検できるようになる。わが子たちはこうした環境を提供してあげたせいか、初めての経験も怖がることなく、進んで事前に勉強し、計画するようになった。こうして中学校の夏休みの活動で確立されたアイデンティティは、高校で自分の特色をアピールするための基盤になった。

Part **5**

# 世界を変えて導くリーダーを育てよ

：高校生の時期

# 長女ヘミンの話：
# 自ら道を切り開いた子

## 夢に向かって緻密な戦略と戦術を立てる

　ユダヤ教の聖典タルムードに「魚を1匹与えれば1日生きられるが、魚を捕らえる方法を教えれば一生食べていける」という言葉がある。私はヘミンに魚を捕らえる方法を教えた。幼いうちから、自分は何者なのか、どうやって夢をつかむのか、何をやるべきか、というような問いを投げかけ、ともに考えたのだ。高校生になったヘミンには、魚を釣って自分のものにするという課題だけが残されていた。

　中学生のときに自分の可能性と潜在能力を育てたヘミンは、高校生になってそれを具体化させる作業を始めた。夢をつかむための具体的計画が必要だったからだ。ヘミンは大学で国際学を専攻し、国連などの国際機関に入って紛争の現場で働きたいという夢を語った。こうして立てた目標を達成するためには、中学生のときと違って、徹底的な戦略と戦術が必要だった。当時、私は初めて子どもの大学入試に直面したが、アメリカ社会に疎く、大学進学に関する情報やノウハウも持

ち合わせていなかった。それに新しく作った教会の仕事に打ち込んでいたので、親の助力を期待できないことをヘミンは誰よりもよく知っていた。

　ヘミンは自分の夢と目標を成し遂げるため、何でも自分でやらなくてはならないと考えたようだ。大学進学よりも前、高校進学にあたっても、ヘミンは自分が入学できそうな学校のリストを自分で作り、各学校のウェブサイトで情報を集めた。私も学校紹介の行事にできるだけ連れて行き、学校関係者の説明を聞いたり、気になることを質問しながら、学校の特色を調べていった。そうやってまとめた情報をもとに、ヘミンは親に対して進学したい高校について説明会を開いた。クリーブランド高校なら人文学分野に特化した専門プログラムがあり、自分が学びたい勉強ができると言う。他の選択肢もあったが、友達が行くからとかいう理由ではなく、しっかりと勉強のカリキュラムを見て決めたことなので、反対する理由がなかった。

　実は、周囲の親にクリーブランド高校の評判を聞いてみると、「先生たちが自由気ままにやっているみたい」「哲学の授業が、信仰に悪影響を与えるかも」「授業が難しくて、いい成績を取るのは大変だって」などのネガティブな話ばかりが聞こえてきた。それでも私は、先生が自由気ままだというのは、学問の自由が保障されているという意味に置き換え、哲学の授業で信仰が揺らぐとすれば、家を出て大学に行ってからより親と一緒にいるときのほうがましだと考え、授業が難しいからと先にあきらめる必要はないと結論づけた。世間の噂よりも、子どもが自分で調べた情報のほうがずっと説得力があると信じたのだ。そうやってヘミンの意見を尊重し、クリーブランド高校を選択し

た。あとでわかったことだが、その選択こそが、本当に子どもの人生を変える重要な決定だった。

　どの高校を選ぶのかは、大学進学に関わる重要な問題だ。子どもに合った学校を慎重に選ばなくてはならない。そのためには、子どもの性格と関心を把握することが第一だ。

## 自己管理は自分にしかできない

　ヘミンの高校生活は活気に満ち、楽しそうだった。学校が好きで、先生によく懐いていたので、自然に成績もよくなった。目標の大学に入るためには、成績だけでなく、課外活動も重要だ。ディベート部、生徒会、学校新聞、アジアンクラブなど、学内の活動に加えて、オーケストラ、教会の青年会、ホームレス児童の指導など、多様な校外活動にも参加した。これだけでも忙しいのに、運転免許も取って妹たちの送り迎えまで自分から進んでやっていた。さらに週2回、テコンドーの道場で小学生を教えるアルバイトでお金も稼いだ。

　ヘミンはこうした多くの活動をしながらも、夜10時から10時半のあいだには必ずベッドに入っていた。どうしてそんなことが可能なのか気になって聞いてみると、ヘミンは時間管理の達人だった。中学生のときに、時間を分割して管理しながら勉強する方法を学んだのだという。つまり、自己管理法をマスターしたのだ。

　次はヘミンが目標達成のために実践していた時間管理法だ。

・重要な日程はよく見えるように掲示しておく（テスト、プロジェクトの締切、各科目の課題提出日など）。

- 重要な日程を中心に、時間の計画を立てる（英語の中間テストが5日にあるなら、4日には全体の復習と模擬テスト、3日には8〜10課の復習、2日には7〜9課の復習をする、といったかたちで、やることを適切に分散させる）。
- 試験勉強の分量と範囲を早く把握し、分配する。ただし勉強以外の活動を考慮して、勉強時間を調整する（ピアノの練習が必要なら、練習前日の勉強量を増やすことで、練習当日は勉強量を減らして練習の時間を確保する）。
- 一夜漬けは禁物（ヘミンは今もこの原則を守っている）。
- 毎日の決められたスケジュールを必ず完了させる。
- 突発的状況が起きても、計画した時間を守る（もし親や友達から何かの誘いがあっても、やるべきことができないようならキッパリと断る）。

　ヘミンは早くも中学生のときに大学で専攻したい分野を調査し、目標となる大学も探したが、その学校の合格率が10％にもならず、大学入学がこんなに大変だという現実にショックを受けたという。当時、ハーバード入学などは思いもよらず、代わりにジョージタウン、ウィリアムズ、エルムハースト、スワースモアの各大学に関心を持っていたのだが、それでも予想より低い合格率に驚いたのだ。だが、そのおかげで早いうちに大学進学に関する現実的判断を下すことができた。高校に入学してからも、学校の進学実績を調べると私立大学はほとんどなく、それだけ狭き門だということが実感できたという。実際、ヘミンのハーバード合格は、クリーブランド高校では6年ぶりのことだった。このように子ども自身が現実を早く認識すればするほど、受験計画と戦略を事前に、具体的に立てることができるのだ。

ヘミンのように公立学校に通う子どもたちは、1学期に1回ずつ、定期的にカウンセラーの先生のカウンセリングを受ける。それ以外のときも、申請すればカウンセリングを受けることができる。だが、ヘミンはカウンセリングを受けるたびに不満だった。というのは、成績がよくて、学業以外の活動もしっかりやっているので、先生からの評価も高く、いつもよくやっているとしか言ってくれないからだった。カウンセラーの先生からしたら、基本的なことをよくやっているから問題ないと考えたのだろうが、ヘミンは本当にこの程度で十分なのか確信が持てなかったという。

　なぜなら、私立大学や難易度の高い大学への進学実績があまりよくない学校で優等生として評価されても、自分の志望校に進学するには明らかに実力不十分だと思っていたからだ。公立学校のカウンセラーの先生は多くの生徒を担当しているため、基本的なレベルの進学指導はできても、個々人の目標と状況に合わせて指導するには限界があった。そばで見ている私としては、幼いうちからそうしたことに気づき、志望大学に行くために不足な点を見直していく姿が頼もしくもある一方、不憫でもあった。にもかかわらず、私はヘミンに十分に力を貸せなかったのも事実だ。代わりに話し合って悩みを聞いてあげながら、この調子で頑張っていればきっとよい結果が出ると励ました。

　ヘミンは学年が上がるに従い、さらに熱心に何が必要かを考えながら、学校の内外を問わず、できることを1つずつやっていった。結果的に、徹底的な時間管理、大学進学に対するいち早い現実認識、そして学校内外での活動の計画・実践こそが、ヘミンの目標達成の秘訣だったと言える。

# リーダーシップを伸ばす機会を探す

　ヘミンのリーダーシップは高校に入って花開いた。幼い頃から人付き合いが好きで、会話を楽しんでいたヘミンだったが、どうすれば学校でリーダーシップを伸ばせるのか悩んでいた。リーダーというのは、なりたいからとなれるものではないから、結局ヘミンに任せておくしかなかった。幸い、予想していた通り、ヘミンは友達と仲良く過ごした。中学の頃から多様な民族の友達と付き合って過ごしたのが、高校でも役立ったのだ。専門プログラムに関心を示し、勉強も好きだったから、先生たちとも自然と親しくなった。

　希望していたディベート部に入ってからは人前で話す力がぐんぐん伸びて、論理的に人を説得したり問題を解決したりする能力も身についた。ディベート部での活動は、リーダーになるための基本的資質を育て、新しいことに挑戦する勇気を与えてくれた。高校2年生のときはクラブの会長になり、学校代表でチームを率いて大会に出場し、より大きな責任感を抱くようになった。ヘミンはそうやって学校生活を頑張りながら、しっかりとリーダーシップを育てていった。

　高校3年生になると、これまで培ってきたリーダーシップを学校のために発揮する機会が訪れた。当時、学校には「ナイツ&レディース」というボランティアグループがあったが、一定レベル以上の成績を取った3年生の生徒から面接でメンバーが選ばれた。このグループの会員になるということは、学校の代表になるのと同じなので、プライドを持つのも当然だ。こうして選抜された生徒たちは、推薦と投票

を通じて自分たちのリーダーを選ぶ。ヘミンの場合、アジア人で女性だったので、条件は決して有利ではなかった。それでも、これまで学校生活を通じて生徒のあいだで認められていたヘミンは、グループの会長に推薦され、投票で会長に選ばれた。会長になったヘミンは、生徒と先生たちの期待に応えるため、学校のさまざまな行事で活発にボランティアをしながら、学校のイメージを高めるためにリーダーシップを発揮したのだ。

大学側はリーダーシップのある学生を望むので、親も子どもをよい大学に行かせるために、高校で何か役員でもやらせようとする。リーダーシップといえば、組織の会長のような役柄を連想するからだ。実際、生徒会やクラブ活動などで頑張って活動していれば、自然と会長のようなリーダーに選ばれることもある。だが、役柄だけのリーダーシップは認められない。形式的なリーダーシップは影響力を持たないからだ。だから各大学では実質的に影響を及ぼすリーダーだったのか、それとも名目だけのリーダーだったのかを調査するために多くの努力を傾ける。振り返ると、ハーバード大学はヘミンのリーダーシップを高く評価し、その真価をよく見極めたからこそ、合格というプレゼントを与えてくれたのだと思う。

## 社会の一員として生きる練習をする

高校１年生の終わり頃から、ヘミンには大きな悩みがあった。自分が目標にしていた専攻に進むため、夏休みにはインターンシップをやらねばならないから手を貸してくれと言うのだ。学校でも何度かカウンセリングを受けながら、インターンシップの機会がないかうかがっ

ていた。先生にも相談をした。アメリカではふつう、親の人脈を最大限に生かして、インターンシップ先を探す。友人、知人、さらには祖父母の人脈までフル活用する。私のような移民は人脈があまりなく、あっても韓国人に限られているため、簡単ではない。さらにインターンシップは関心のある分野や将来の計画に合わせてやらねばならないので、いっそう難しかった。国際学を専攻する計画を持っていたヘミンは、政治家のオフィスや政府機関、社会団体でインターンシップ経験を積みたがったが、人脈がまったくない高校生に、その機会はなかった。親としては子どもの手助けもできず、無念だった。そんなある日、ヘミンが興奮した声で私を呼んだ。

「ママ、インターンシップ先が見つかったよ。私にぴったりの場所だよ!」

ヘミンはこう言いながら、跳び上がって喜んだ。詳しく聞いてみると、UCLAのIDEA(UCLA's Institute for Democracy, Education, and Access、UCLA民主・教育・アクセス研究所)という機関で、高校生向け夏季セミナーのために青少年対象のリサーチを行うインターンシップとして、高校生30人を選抜するというのだった。

この機関は教育現場に蔓延する人種的・階級的不平等を調査して、その解決法を考えるためのものだ。ヘミンはその募集案内を見た瞬間、自分のために訪れたチャンスだと確信したそうだ。インターンシップとしてリサーチするテーマは、「高校生が学校内外で政治的意見を表明する機会についての研究」だった。学生インターンシップ活動を通じて整理された結果は、関連分野のジャーナルに発表されるのはもちろん、CNN、NPRなどのメディアでも公表されるという。イン

ターンシップ活動の成果が政界に伝わり、政策に反映され、社会を変えることもあるということを、身近に経験できる絶好の機会だった。ヘミンが大きなチャンスをつかんだことが、私もとてもうれしかった。

　インターンシップに選抜されたヘミンは夏休みの５週間、毎日UCLAに出勤してテーマについて研究し、講義も聴きながらLAの青少年たち、市役所と警察の関係者、教育局の担当者などに会って、インタビューをした。夏休み以降もこのプログラムは１年にわたって続き、LA市長、政治家、教授、教育専門家、教育局職員、父母たちが参加する研究発表会の場にも立つことができた。ヘミンはその場で、劣悪な住居と教育環境、各種犯罪と麻薬に汚染された困難な環境に暮らしている同年代の仲間たちにインタビューした内容を発表した。まるで自分の痛みを語るように涙ぐみながら、その子どもたちの経験を代弁し、期待と要望を伝えた。「彼らにも機会を与えるべきです。その機会が彼らの暮らしと未来を変えることができます」と訴えたその発表は、感動そのものだった。市長をはじめ、プレゼンテーションに参加した人々の多くが、そっと涙を拭っていた。

　ヘミンはこのインターンシップのおかげで、政治学にいっそう関心を持ち、社会問題を鋭く、深く見つめる目を持つようになった。このように長期休暇を利用して参加する多様なプログラムは、子どもたちに大きな影響を与える。親も関心を持って、子どもの未来に必要で有益なプログラムを探すべきだ。

## 自分の未来は自分で切り開く

　大学に入り、大人として新しい世界に出航するのは、子どもにとって初めての経験であり、漠然とした不安もあるだろう。先に経験した人が近くにいれば、ずっと有利な状態で踏み出すことができるが、ヘミンはたった1人で始めなくてはならなかった。私たち夫婦もアメリカで大学受験をしたことはなく、こちらのシステムを知らないため、どこから手をつけたらいいのか、どうやって手助けしたらいいのか、まったく見当がつかなかった。

　実は最初のうち、高校のほうで願書を送ってくれるものだと思っていた。だが、アメリカは大学も多く、学生の志望先も多様なので、学校側は学生が具体的に手助けを求めてくれば進学情報の提供などのアドバイスをするというスタイルだった。当時の私はアメリカにそんなに多くの大学があることも知らなかった。結局、学生が積極的に努力すれば情報を得られるが、そうでなければ知らないまま通り過ぎてしまう。学校側で学生の希望をチェックして頑張るように尻を叩くこともない。完全に学生の意志に任されているのだ。

　私のように、学校でいちいち教えてくれるだろうと考えていたら、あとであわてふためくことになる。子どもが模範生で勉強もできるから、きっと先生が面倒を見てくれると期待してはならない。実際、アメリカの公立高校の主な目標は、子どもをちゃんと卒業させて真面目な市民を育てることだ。だから、子どもが公立学校に通っているなら、大学進学は学校任せでいいと思ってはいけない。アメリカで大学に進学することは完全に子ども個人が選択して決定することだ。本人

自身が求めて扉を叩いてこそ道が開ける。感心すべきことに、ヘミンはどの大学にどう志願するかを考え、大学という魚を釣るために自ら不断に努力した。

　**関心分野が決まれば、それに合わせてやるべき活動を見つけやすくなり、全体的な輪郭も早く定まってくる。**自分の関心分野を早々に決めたヘミンは、高校2年生を終えてからそれに合わせて志望大学を選んでいった。私立大学を13校、州立大学を3校だ。願書は主に私立大学志願時に使用する共通願書（Common Application）とUC（University of California）の願書を同時に準備した。共通願書には基本的な個人情報、家族、成績、活動、エッセイなどの項目に加え、場合によって履歴書を添付する。これに加えて連邦学資金補助申請書（FAFSA）と私立大学で求められる学費補助申請書（CSS Profile）も提出しなくてはならない。エッセイも大学ごとに2〜3本ずつ要求されるので、合わせて20〜30本は用意する必要がある。各大学に関する情報と調査がなくては、エッセイをうまく書けないし、最初の入試だから専門家のアドバイスを受けたほうがいいのではないかと心配したが、ヘミンはあっぱれにも自分で調べてうまくやり遂げた。

　こうした苦労の結果、ヘミンが合格した大学はハーバード、ブラウン、アマースト、ウィリアムズ、ノースウェスタン、スワースモア、スクリプス、ポモナ、UCバークレー校、UCLA、UCサンディエゴ校であり、ウェイティングリストに上がった大学はプリンストン、コロンビア、イェールだった。スタンフォード、ペンシルベニアの両校は残念ながら不合格だった。幸い、志願した大部分の大学からラブコールつきの合格通知をもらうことができた。

## 入試から学んだもの

　ヘミンの最初の大学入試の準備をしながら、私もさまざまな大学を知ることになり、志願のプロセスにも慣れることができた。この貴重な経験のおかげで、妹たちも複雑で膨大な作業を、自力でうまく成し遂げることができた。ヘミンの大学進学の道のりをそばで見守りながら、いくつか感じることがあった。第一に、大学では学生たちの願書を通じて、この学校に合った学生なのか慎重に検討しているという点だ。第二に、心を込めて書いた願書が合格につながったという点だ。実際、ヘミンが提出した願書は、すばらしく上手に書かれていたわけではなかったが、これまでの不断の努力の跡が見える、真面目な人間であることが透けて見えるものだった。先生の推薦文がこの事実を裏付ける大きな役割をしたと思う。第三に、入試が次第に難しくなっていて、早期選考（Early Admission）の活用が重要であることに気づいた。ヘミンの妹たちは、姉の経験をもとに2人とも早期選考で合格したため、多くの学校に願書を出さずにすんだ（ヘミンが入試の準備をしていた当時は、ハーバードは早期選考を実施していなかった）。

　入試に関してもう1つ重要なことは、専攻に関わるものだ。入学時に専攻を決めると、その専攻のまま卒業するものだと思っている人は意外に多い。入試前に考えた専攻が、思っていたのと違っているとか、勉強してみて自分の適性に合わないとかいうことはある。もしそういうことがあれば、転科すればいい。アメリカの大学は転科が簡単で、なかには2、3年生のときに専攻を決める大学もある。ハーバードの場合も、最初から専攻を決めるのではなく、関心分野を考えて入学

し、2年生のときに専攻を決めるようになっている。専攻を何度か変えることもあるという。ただ、大学側は、志願時から何を専攻したいかはっきりしている学生を好むようだ。あとで変えることがあっても、自分に合った専攻を見つけるための努力と情熱を高く評価するからだ。

ときには専攻や関心分野が何かはっきりせず、決定を先延ばしして時間ばかりを無駄にする場合もある。次女のヘウンは一時、自分が何をしたいかわからないと言って悩んでいた。長女のヘミンのときの経験から要領を覚えた私は、ヘウンは作文が好きだからまずはジャーナリスト専攻に決めて、他の分野に関心が生まれたら転科したらいいと助言した。最初に決めた専攻からもう変えられないというプレッシャーから逃れ、ヘウンは肩の力が抜けたようだった。可能性を開き、ずっと気楽に関心分野を探すことができたからだ。実際、ヘウンはのちに社会学専攻で卒業した。

## 温かい心と情熱が世界を変える

ヘミンの心を熱くさせた決定的な経験は、メキシコにあった。メキシコには、スペインに占領された当時、戦争を避けて山中に隠れた先住民がいた。彼らは今でもスペイン語を使わず、彼ら独自の言語を使っている。メキシコでは、病院や助産院で生まれない限り市民として認められないので、彼らは国民の権利や教育、医療などの恩恵を受けられないでいる。メキシコの農場主たちは安い労働力を手に入れるため、カンポと呼ばれる集団農場を作って彼らを移住させた。

このカンポの住環境は劣悪だった。20㎡ほどのキッチンつきの狭い土間で、家族全員が生活している。子どもたちの多くは靴も履いておらず、小さな子は着るものもなく裸で過ごしている。さらに女の子は10代前半で妊娠して出産するが、赤ん坊の父親が誰かもわからないケースが多く、子育てもままならない。こんな生活なので、平均寿命は40歳半ばにしかならない。大人たちが昼間に農場で働くあいだ、4歳の子が弟や妹の面倒を見るような状況だ。そこへ宣教センターが作られ、伝道しながらスペイン語を教える教育事業を推進していた。前述した通り、うちの子どもたちも夏になるとここを訪れ、聖書学校を開き、医療奉仕をしていた。

　ここを初めて訪れたときの経験は、よほど強烈だったのだろう。ヘミンは今も当時を思い出すたび涙ぐむほどだ。初めての宣教を終えて帰り、自分のベッドを見ながらしばらく泣いていたというヘミンは、自分の状況に感謝しながらも、世の中の不公平にも思い及んだという。数日間の宣教は、少しは彼らにとって救いになったにしても、手術が必要な患者に絆創膏を貼るようなものだと思うと、申し訳ないような気持ちになったそうだ。<mark>ヘミンは、そこで生まれたというだけで、子どもたちがそんな生活をしなくてはならない状況があまりに不合理に思われ、より恵まれている自分のような人たちが、社会の不公平を減らす努力をすべきだという使命感を持ったという。</mark>1週間という短い期間でも、悪臭がして頭にシラミが湧いている子どもたちを抱きしめた経験が、ヘミンの胸を熱くさせ、自分の使命を悟らせたのだった。

　青少年期にこうした経験をした子どもは、情熱を持つようになる。

ヘミンは毎年夏にキャンプに行ったおかげで、将来彼らのためにもっと大きな絵を描かねばならないと考えるようになり、未来の目標を固めることができた。純粋で温かい心を呼び覚まし、自分と違う環境で生きる人々と出会いながら多様性を受け入れることで、何をすれば世のために意味ある人生を送れるのか考えるようになるのだ。

# 02 次女ヘウンの話：作文が大好きなユニークな子

## 作文は勉強の花

　私たち夫婦に会った人たちは、「娘さんたち、ハーバードで勉強が大変だと言っていませんか？」と、うまく適応できているか気に掛けてくれた。実は、私たち夫婦も同じだった。有名私立高校の出身者も多く、世界の各地から国家的人材も集まっているレベルの高い大学で、はたして勉強についていけるだろうかと心配だったのだ。だから子どもたちに連絡するたびに、勉強はどうか、学校でうまくやっていけそうかと尋ねた。そのたびに３人の娘たちは心配しないように言い、自分の書いたエッセイが教授に褒められたと教えてくれた。

　しばしばハーバードの伝統と言われる小論文の授業は、すべての学生に必修とされている。高校でいつもＡを取っていた学生たちが、ＢやＣを付けられてショックを受けるという、この難しい授業で、うちの３人の娘たちはＡをもらって自慢げだった。あるときは作文の課題をその場で書き上げる様子を見た有名私立高校出身の友人から、「ど

の高校を出たらそんなにスラスラ書けるの？」と聞かれたという。こんな話を聞くと、しっかり教えてくれた高校の先生方に感謝するばかりだ。

　うちの3人娘が卒業したクリーブランド高校には、前にも言及した人文学の専門課程プログラムがある。このプログラムでは学期ごとにテーマを決めて勉強するのだが、1科目だけではなく多くの科目を総合して、多様な視点で学ぶことができる。また、特に教科書は定められておらず、先生が自分で集めた資料をまとめて教材を作る。このように特別なスタイルの授業を受けていると、自律的に学ぶ力が高まる。伝統的に学問の自由を重んじてきた同校では、こうして自然に人文学的思考の枠組みが備わるよう指導しているのだ。このような授業を受けた子どもは、3年生になると50枚ほどの分量のエッセイでも楽に書けるほどの作文能力を身につけられる。

　本が好きだったわが子たちは、高校で受けたこのプログラムで読書して考えたことを文章にする訓練を受けてきたため、課題を与えられると即座に思考し、同時にそれをすぐに文章にすることができたのだ。特に幼い頃から書くことが好きだった次女のヘウンは、学期ごとに新しいテーマで研究し、文を書いて発表する自由な高校の雰囲気に、水を得た魚のようになじんでいた。そうやって自分から楽しんで勉強したので、成績がよくなるのも当然だ。自分の考えを文章で表現するのは、最もよい勉強法だ。形のない知識を論理的な文章にまとめることができるのは、十分に理解した証拠だからだ。だから作文は勉強の頂点に位置し、勉強の花とも言える。そのようにヘウンの高校の勉強は、作文に始まり作文に終わったと言っても過言ではない。

## 自分独自の才能がチャンスを切り開く

　ヘウンも夏休みになると、インターンシップで苦労した。学校や知人、インターネットで探しても、自分にピッタリ合ったインターンシップを探すことができなかった。そこで考えたのは、履歴書をしっかり書いて、近隣の大学の政治学や社会学の教授に送ることだった。実際のところ、教授の立場から言えば、高校生をインターンに使うことには無理があるだろう。大学の学内にも優れた学生たちがいるのに、高校生が研究にそれほど役立つとは思えないからだ。それでもヘウンは、開かれるまで門を叩こうという意志を固めた。

　各大学の教授のリストを作ると、50人ほどになった。すべての教授たちに同じ内容のメールを送るのではなく、各教授について調べて、少しでも関心を持ってもらえるようなメールを書き、履歴書を添付した。メールを通じて相手に対する関心を丁寧に示し、礼儀を尽くしてこちらの要望を伝えるように努力したのだ。
　当たり前のことだが、ほとんどの教授からは返信はなかった。返信を送ってくれた教授も、今はインターンを使う計画はないが今後機会があれば連絡するという人や、まだ高校生だからSATの勉強をして成績を上げるように助言してくれる人もいた。添付した履歴書にSATの成績、内申書の成績、校内の成績の順位まで書いてあったが、おそらく読まなかったのだろう。
　だが、そのような努力が無駄だったわけではなかった。UCLA政治学科のある教授から、面接をしてくれるという返事が来たのだ。面接の結果、ヘウンはその教授の研究を手伝うインターンに採用された。

このようにインターンシップの機会も、やはり作文のおかげで手に入れたのだった。

　夏季ワークショップに志願するときも、作文が力を発揮した。ヘウンはジャーナリズムに関心があり、その関連プログラムに応募した。人気のあるプログラムを中心に、近くの大学で開かれるワークショップも含めて、応募先は計10カ所近くになったが、有名なジャーナリズム関連プログラムはいずれも無料なので、競争が激しかった。各プログラムに自己紹介とエッセイ2〜3本を提出するのだが、プログラムごとの特色を調べて、それに合わせてエッセイを書いたので、合計で20〜30本になった。さらに履歴書のアップデートに加え、財政支援を申請する場合は必要書類と作文も書かねばならない。こうしたワークショップの応募を通じて、競争社会で相手とやりとりしながら自分の長所を効果的にアピールする方法を学ぶことができた。

　文章力を蓄えたことで得られたもう1つの機会は、奨学金だった。姉の影響を受けて、ヘウンも奨学財団から多くの支援を受けた。財政面はもちろん、同時に提供される多様なインターンシップの機会やメンタリングも有用だった。何よりも全国の奨学生とのネットワークは、彼女にとって大きな資産となった。アメリカには多くの奨学財団があり、可能性と潜在能力を持った学生に勉学の機会を与え、人材を育成している。歴史の古い奨学財団は奨学生の選定に関する専門的なノウハウを多く持っており、強力なライバルは無数にいるため、選抜されるには基本的な条件を満たすことに加えて、真剣に志願する必要がある。その際に最も重要なのは、この学生に奨学金を与えたらきっとそれを生かすことができると確信させるようなエッセイを書くこと

だ。このように、奨学金をもらうためにも、文章力が非常に重要なのだ。

## 天才も努力には勝てない

　文章力に自信を持ったヘウンは、多様なエッセイコンクールに挑戦した。コンクールに関する情報を集め、重要なものを選んでその準備をした。粘り強くコンクールに参加しながら、毎年全国規模のコンクールで賞をもらい、それによって証明された実力で、さらに新たなチャンスを切り開いていった。ヘウンが高校2年生のとき、ジャーナリズム科目の先生の推薦で参加したエッセイコンクールで、光栄にもカリフォルニア州の代表に選ばれた。全米50州にワシントンD.C.を加えた計51人に、賞金1千ドルと夏休みに州代表としてジャーナリズム・カンファレンスに参加する資格が与えられたのだ。

　私は、ヘウンが申請するまで、この大会がどういうものかも知らなかった。願書提出の締切日になって、急にヘウンが私に「この郵便物、今日中に絶対に送らないといけないの。今作文の最終チェックをしてるんだけど……間に合うかどうかわからないよ」と青い顔で言うではないか。締切日の消印有効という規定なので、あわてて郵便局に駆けつけたが、すでに午後5時を回っていたため、シャッターが閉まっている。落ち込んで郵便局の前に立ち尽くしていると、郵便配達の人を見かけたので封筒を差し出しながら頼むと、快く受け取ってくれた。今日の消印が押されるのかとも聞くと、もちろんそうだと言う。封筒を手渡すことができ、胸をなで下ろすと同時に感謝の念が湧き上がった。こうして奇跡的に願書を提出でき、よい結果まで手に入った

感激はひとしおだった。そのとき、ふとこの大会の名称が「Free Spirit（自由な精神）」だということを思い出した。自由に想像を広げて新たなものを創る喜びを味わったヘウンに、ぴったりな賞だと思った。

　文章力の重要性は、いくら強調しても足りない。勉強の基礎であり花である文章力は、勉強に役立つだけではない。長女のヘミンが16校もの大学に1人で願書を出せたのも、文章力のおかげだった。大学の願書とは結局、自分が何者なのかを説明し、この学校に必要な人材だということを文章で説得する作業だからだ。
　もしあなたの子に勉強の意欲があまり感じられず、やるべきことをグズグズ先延ばしにして課題の締切に間に合わなくても、怠け者だとか勉強嫌いだと簡単に決めつけるのはやめよう。もしかしたら、何をどう書けばいいのかわからずに困っているのではないかと、気にかけてあげてほしい。

　ヘウンが幼い頃から文章を書くのが好きだったのは確かだが、天才的な才能を持っているとは思わない。ただ、自分の能力を精いっぱい引き上げるために格段の努力をしたため、大きな成果を上げることができただけだ。誰でも文章は書けるし、努力すればしただけ、いくらでも文章がうまくなることを、ヘウンは自ら証明して見せてくれたのだ。

## 人とは違った人生のストーリーを創造する

　あるときヘウンから、ぜひ見たい公演があるから連れて行ってほしいと頼まれた。学校の勉強や活動で多忙なはずなのに、そんな時間が

あれば少しゆっくり寝たらいいのに。そう思いながらも、どんな公演なのか気になった。それから数日後、私とヘウンはサンタモニカの小劇場に向かった。公演は夜8時からなので、ヘウンだけ置いていくわけにはいかず、私も一緒にチケット売り場に並んだ。評判の公演なのか、劇場の入り口から列が長く伸びている。よくよく見ると、私以外は若い人ばかり。しかもアジア人は私たち親子だけで、数人の白人を除き、黒人とヒスパニック系の人々ばかりだ。私は場違いな感じがして居心地が悪かったが、公演を楽しみにしているヘウンのためにも我慢した。

　劇場内部に入ると舞台と客席の境界がなく、観客たちは誰に言われるでもなく、めいめい勝手に車座になった。おとなしく隅のほうに座った私たちに対して視線が集まるのを感じたが、ヘウンはお構いなしだった。まもなく場内の照明が消え、舞台中央にスポットライトが当たると、公演者が登場した。彼は詩に抑揚を付けて朗唱した。私の耳には、まるで歌のように聞こえた。一節一節を朗唱するたび、観客たちが反応し、まるで詩の朗唱者と観客が一緒に公演をしているかのようだった。指を鳴らす音と、観客たちの「Yes！ That is right！ Speak！」といった合いの手が続いた。詩で朗読される痛みの表現を私だけが聞き取れなかったが、ヘウンはその詩人と1つになったように合いの手を入れながら深く聞き入っていた。帰り道でヘウンの説明を聞いて、やっと観客たちの気持ちを理解することができた。

　この公演は、「Spoken Word Poetry（スポークン・ワード・ポエトリー、詩を言葉で語るパフォーマンス）」と言われる出し物だった。ヘウンは中学生のときに公演の映像を見てから、このジャンルに興味

を持つようになり、それ以来、YouTubeやビデオで楽しむようになったそうだ。スポークン・ワード・ポエトリーは詩文学のジャンルの1つで、口頭伝承と公演が調和しているのが特徴だ。その特性上、ラップ、ヒップホップ、ストーリー・テリング、ジャズ、ロックのような音楽的要素も加味される。一般的な詩と違って、スポークン・ワード・ポエトリーは詩人の思いと感情をライブのように公演で表現し、観客の反応を引き起こす。まるで韓国のパンソリ\*のように、観客が感情を共有し、心の痛みを慰めるような感じだ。元来、スポークン・ワード・ポエトリーは1970年代にニューヨークの黒人コミュニティのクラブで始まったそうだ。公演では社会正義、告発、風刺などが詩で表現され、同じ考えを共有する人々とともに怒りの感情を解放する。

　ヘウンは詩を書くのが好きで、スポークン・ワード・ポエトリーも大好きになった。学校でも自作の詩を公演で発表する機会があり、友達の反応もよかったという。先生にも応援してもらい、さらに夢中になった。LAに拠点を置く「Street Poets」の会員にもなった。ヘウンはそこでスポークン・ワード・ポエトリーの愛好者たちと創造的なアイデアを共有して楽しんだ。

　ヘウンは、スポークン・ワード・ポエトリーを通じて、旧来の主流文化とは違ったサブカルチャーを経験したことが一番興味深かったとも言っていた。同じ考えを共有する人たちとともに、自由に希望と信念を表現できることが、とても幸せなのだそうだ。ヘウンにとっては、==思春期特有の不安や怖さ、コリアン・アメリカンとしてのアイデン==

---

\*　　物語に節を付けて歌う伝統芸能。

ティティなどを心のなかで整理し、それを詩に書いて言葉に表すという行為が、意味のある時間になったのだ。

　スポークン・ワード・ポエトリーという独特な趣味は、ヘウンという人物の特徴をよく示してくれるものだ。大学側は、もちろん願書に書かれた性格や国内外での活動、受賞歴も重視するが、エッセイなどの提出を求めて、経歴には表れない人格、情熱、学生の人となりを知ろうとする。そんなとき、文学への情熱と独特な趣味について書いたエッセイを読めば、直接会ったかのようにヘウンのことが理解できるわけだ。イェール大学に願書を出したときには、エッセイ代わりにスポークン・ワード・ポエトリーの作品を添付して提出した。そのおかげか、イェールからも合格通知を受け取った。考えてみると、これは本当にユニークな趣味だったと言える。黒人が生み出したサブカルチャーを自分の趣味としたことで、ヘウンは一般のアジア人女子高生から一歩抜きん出た、際立つ存在になったのだ。

## チャレンジ精神と責任感を示す

　学校内外の活動でヘウンが最も情熱を注いだのは、学校新聞の編集だった。生徒数だけでも３千人のクリーブランド高校は、教職員と保護者まで含めるとかなり大きなコミュニティだった。校内のさまざまな出来事から、各学期の学習テーマ、社会的問題などまで、学内に学生の声を届ける新聞部は大きな影響力がある。ヘウンは高校１年生からジャーナリズムに興味を持ち、自分の思いを活字にする新聞作りを熱心に学んだ。１年生が終わった夏休みには、カリフォルニア州高等学校新聞連合会のジャーナリズム・ワークショップ（California

Scholastic Press Association High School Journalism Workshop）に2週間参加し、35種の課題をこなしながらジャーナリズムをより深く理解することができた。このワークショップは60年以上の歴史を持つ影響力のあるプログラムで、23校から生徒たちが参加した。

　ワークショップを通じてより具体的・専門的知識を得たヘウンは、そこで学んだことを新聞部の活動に注いだ。この情熱が友達や先生にも伝わったのか、高校2年生を終えるとき、編集長の席に就くことができた。そのため発行日の数日前から、締切のために遅くまで部室にいることが多かった。ヘウンはこの過程を通して、文を書くことと引き受けた仕事を完了させることへの責任感を培った。

　あるとき、バレンタインデー特集のなかで部員の1人が性差別問題に関する記事を書いたのだが、それが顧問の先生を経て学校の管理者たちの手に渡り、審議の過程で急進的だと指摘されたそうだ。ヘウンは編集長として学校新聞記者たちの急進的な傾向と校長先生の懸念とのあいだでうまくバランスを取り、新聞が無事に発行されるよう先生たちに働きかけた。ところが、記事を修正するという条件で新聞発行が許可され、あとは配布するだけとなったところで、修正された記事が学校側の期待に沿わず、印刷した新聞をすべて廃棄することになってしまった。ヘウンは東奔西走して先生たちを説得し、記事をさらに修正すると約束し、やっと新聞発行の許可が得られた。

　しかし、また別の問題が起きた。すでに予算が尽きてしまい、再発行の経費が足りなくなってしまったのだ。だが、「意志あるところに道は開ける」との言葉の通り、新聞発行のために頑張るヘウンの姿に感動した学校管理者の1人がポケットマネーを出してくれることになり、最終的に新聞発行にこぎつけた。あきらめずに数日間走り回った

ヘウンは、この事件を通して多くのことを学び、おかげで多くの先生とカウンセラーからの厚い信頼を得ることができた。

　ところで、大学受験の願書を準備する際、自分ではどうにもできない部分がある。学科別の担当の先生とカウンセラーの推薦書が必要なのだ。推薦書がどんな内容かも確認しようがない。だから推薦書は、大学側がその生徒の情熱や成果を第三者の目で確認するための手続きとも言える。特にカウンセラーの推薦書はその学年全体における生徒の評価が書かれ、自分で書いた願書からはわからない生徒の成果がそこに現れる。

　ハーバードに合格したあと、ヘウンが奨学金を受けるためにカウンセラーに推薦書を頼んだところ、ハーバードに出願した際に使った推薦書をそのまま提出すればいいと言って手渡ししてくれた。そのため、思いがけず推薦書の中身を見ることができた。その推薦書は、新聞部での活動で示したジャーナリズムへの情熱が主に綴られていた。特に社会正義実現への熱意と、新聞制作において見せた優れたリーダーシップについて言及されていた。また、学びへの好奇心と文を書くことへの情熱もうまく伝えてくれていた。
　実は、ヘウンが新聞部で活動していた当時、LAの教育省の予算削減のせいで顧問の教師を雇えず、新聞部の基礎班と応用班は一緒に運営せざるを得なかった。応用クラスの生徒たちは、新聞作りをしながら、基礎クラスの生徒たちを教えないといけなかった。その推薦書は、ヘウンが基礎班の30人を教えながら新聞の編集までやり遂げたことにも触れて、「率直に言えば、ヘウンには学校から報酬を支払うべきだった」とまで書かれていた。非常に具体的かつ現実味のある評価

だ。

　その推薦書はヘウンのことを、成熟していて、挑戦的で、責任感のある学生だと代弁してくれていた。

　ヘウンは高校時代を、ジャーナリズムへの愛と学校生活への情熱で、時間が経つのも忘れて懸命に駆け抜けた。そんなヘウンはこの時期を回想し、自分に一番大きな影響を与えてくれた学校新聞のコミュニティーに、愛と奉仕で恩返しできて本当にやりがいがあったと語った。私はこれまで、ヘウンが書いた記事、エッセイ、詩などをコツコツ集めてきたが、ヘウンからも「ママも何か書いたら」と、強く勧められた。この本を書くことになったのも、そんな娘のおかげだ。

## 人生のロールモデルに会う

　ある日、ハーバードの卒業式を控えたヘウンが興奮した声で電話をかけてきた。

「ママ、卒業式のゲストスピーチ、誰が来ると思う？　ジョン・ルイスだって。すごく不思議。私と本当に縁があるみたい」

　ジョン・ルイスとヘウンの出会いはそれが２度目だった。アフリカン・アメリカンの公民権運動家であり、33年にわたりジョージア州選出の下院議員を務めたジョン・ルイスは、1960年代に学生非暴力調整委員会（SNCC）議長となり、1965年にはアラバマ州でマーティン・ルーサー・キング牧師とともに投票権を求めるデモで指導的役割を果たした。また、市民運動によって人種隔離と差別をなくすために動い

た、黒人人権運動の重要人物だ。バラク・オバマ元大統領から「米連邦議会の生きる良心」と称賛されるなど、多くの政治家たちからも尊敬を集めた。

　ヘウンは高校2年生の授業で社会正義について学んでいたとき、『フリーダム・ライダーズ*』というドキュメンタリーを見て、アメリカ史に残る市民運動を知り、政治に興味を持つようになった。特に運動の参加者の1人であるジョン・ルイスについて学んで彼の犠牲と奉仕の人生に感銘を受け、ヘウンは彼を自分の政治的ロールモデルに定めることになった。
　そして、高校2年生が終わった年の夏、ついにジョン・ルイスに直接会う機会が訪れた。ワシントンD.C.で開かれた「アル・ニューハース　自由とジャーナリズム会議（AL Neuharth Free Spirit and Journalism Conference）」にカリフォルニア代表として参加し、会議にスピーカーとして招かれたジョン・ルイスに会えることになったのだ。その場でヘウンは各州の代表たちと一緒に、画面を通してではなく実際の姿を目の前にしながら、市民運動当時の活動を生き生きと聞くことができた。演説後の質疑応答の時間に、ヘウンはすかさず手を挙げた。

　「あなたはどうやって市民運動家から政治家になることができたのですか？　あなたの信念と価値を、どのように他の人に伝えたのですか？」

---

\*　1960年代初頭、米南部に根強く残る人種隔離政策の撤廃を求め、黒人と白人のグループ（フリーダム・ライダーズ）が一緒に長距離バスに乗り込みワシントンD.C.からルイジアナ州のニューオーリーンズを目指して旅をした様子を捉えた、非暴力抵抗運動の記録。

この質問に対する彼の答えはこうだった。

「市民運動家だったときも、政治家である今も、私は同じ人間です。私の心の中には今でも同じ義憤があるため、何をしようとも私は変わりません」。

ヘウンは演説後にジョン・ルイスからもらった名刺とともに、その言葉も大切に胸にしまった。ヘウンはその義憤を心に刻み込んで、自分も将来、新たな時代を開くための触媒になろうと決心した。この決心は、ハーバードの願書に添えた追加エッセイのテーマになった。授業で社会正義を学ぶなかで知った英雄に直接会えたことは、若い学生に大きな影響を与えたのだ。

## 海外経験で世界観を広げる

2011年、高校生だったヘウンは忙しい夏を過ごしていた。ジャーナリズムのワークショップに2週間参加し、青少年プログラムで10カ所のカレッジを巡り、オーケストラ・サマーキャンプ、メキシコ宣教、そして国際青少年メディアサミット（International Youth Media Summit）にも2週間参加するという、目の回るような日程をこなした。CSAPジャーナリズム・ワークショップを終えたヘウンは、家ではなくLA空港に直行し、ドイツ行きの飛行機に搭乗した。だが、最終目的地はドイツではない。飛行機を乗り換えてセルビアの首都ベオグラードに赴き、国際青少年メディア交流クラブ（Teen International Media Exchange Club, TIME club）のイベントに参加したのである。

ヘウンが高校で主に活動していたクラブは、いずれも国際的な問題に関わるものだった。メディアを通じたグローバルな青少年交流と世界的イシューに関する映像を制作した国際青少年メディアサミット、人権について学び、人権保護の手紙を書くキャンペーンに参加したアムネスティ・インターナショナル・クラブ、各国代表が会議を開いて討議する模擬国連総会などだ。ヘウンにとってこれらの活動は、アメリカだけでなくより広い視野で社会問題に関心を持つきっかけになった。

　<mark>今私たちは、国際的な問題が自分の生活に直結する時代を生きている。さまざまな経験を積み、海外の学生に会って文化交流をすることで国際的力量を蓄えることが重要だ。より広い世界を経験する機会があったら、ぜひ自分と子どもの未来のために勇気を出して一歩踏み出してほしい。</mark>


　ヘウンもいい機会を得られた。1学期のあいだTIMEクラブに参加し、映像を通じて国際的問題について討論を重ね、毎年開かれるキャンプに参加する機会を手に入れた。ヘウンはキャンプの参加費と宿泊費を援助してもらい、あとは航空券だけ買えばいいから参加を認めてほしいと言ってきた。私たち夫婦は心配で迷っていたが、キャンプ参加を前に喜ぶヘウンを止めることはできなかった。ヨーロッパ南東部のセルビアで2週間にわたり開かれるキャンプに、クリーブランド高校からは先生1人とヘウンが参加することになった。なじみのない国にヘウンだけ行かせるのは危険を伴いそうで、気が進まなかった。さらに一緒に参加する先生とは別々の飛行機で現地に向かわないといけなかったが、ヘウンは1人で行くと言い切った。

Part 5　世界を変えて導くリーダーを育てよ：高校生の時期　　**227**

こうして勇気を出したヘウンだったが、1人で飛行機に乗っているあいだは緊張しっぱなしだったそうだ。それもそのはず、16歳の少女が生まれて初めて、親の付き添いもなしに1人で海外旅行をするなど、決して簡単ではない挑戦だった。さらにヘウンは、高校のうちはスマホを持たせなかったため、インターネット検索も、自動通訳も、国際電話さえも使えない状態で、単身ヨーロッパに行かねばならなかった。ドイツまでは何とか行けたものの、1時間以内にセルビア行きの飛行機に乗り換えなくてはいけなかったときは、ドイツ語ができないため乗り換え口を探すのが大変だったそうだ。セルビアに着いてからも、迎えに来るはずの人が到着しておらず、冷や汗をかきながら待つ羽目になった。ヘウンはその瞬間、知り合いが1人もいないここで自力で生き残らないといけないと覚悟したそうだ。

　そうして到着したベオグラードには、フランス、ギリシャ、トルコ、ドイツ、カナダ、フィリピン、日本、ポーランド、オランダ、アメリカなどから80人余りの青少年とメディア制作者たちが集まった。彼らはチームごとに分かれて、飢餓、人種差別、性差別、環境汚染、教育などの国際的問題を研究し、映像を制作・発表した。ヘウンはこの体験を経て、自然に各国の文化や伝統、言語を学び、多様性を受け入れていった。

　ヘウンはこのキャンプで東欧出身の参加者と友達になったが、その子は移動生活をするロマ族の出身で、常に差別的視線にさらされているのが悩みだった。嘘つきで詐欺師や強盗が多いという偏見のせいで、未来への希望が見出せないため、勉強するモチベーションが上がらないという話に、ヘウンは各民族が置かれている問題を知ったとい

う。同じグループにはセルビアとクロアチアからの参加者もいたが、戦争の過去を持つせいでお互いよそよそしい態度を見せ、世界各地で起きている紛争について思いをはせることにもなった。ベオグラードに今も残る戦争の傷痕を目の当たりにし、見知らぬ国だったセルビアの歴史を学んだのも、ヘウンにとってはよい経験になった。

　ヘウンは多様な国から集まった、言語、文化、歴史、教育環境もすべて違う人々に交じり、共通点を発見した。それは、自分が属するコミュニティーを変革し、世界を変えたいと願う人が、自分以外にもいるのだという事実だ。このキャンプに参加する前は、そんなことを考えるのは自分だけだと悩んでいたが、他の国の同世代の人たちも同じ考えと悩みを抱えながら頑張っていることに気づいたのだった。今、この瞬間にも、全世界で多くの人々がよりよいコミュニティー作りのために努力していることを知り、希望を持って一緒に取り組めば世界を変えられるとわかり、深く感動したそうだ。
　セルビアから帰ってきたヘウンは、考えの幅がより広がり、他者への理解力と包容力も深まった。何よりも、自分が発見し感銘した教訓を、コミュニティー内で分かち合うために努力するようになった。

# 03 末っ子ヘソンの話：
# 言葉より先に行動する子

　「三女なら見合いもせずに嫁にもらえ」ということわざがある。なぜそんなことわざがあるのか、ずっと不思議に思っていたが、ヘソンを育てるうちに納得がいくようになった。私がキッチンに立っていると、ヘソンはいつの間にか私の隣に来て、黙って手伝いをしてくれるのだ。韓国から祖父母が来ると、アメリカ生活に慣れていない２人を案内して、街を歩き回った。そして、まるで２人の心を読んだかのように、言われなくても必要なものをさっと用意してくれた。ヘソンは口数が多かったり、人をぐいぐい引っ張ったりするタイプではない。だからといって、人に付き従うだけの消極的な子でもない。常に周囲の状況を素早く把握し、口で言うより先に、黙って行動する子だった。

　長女のヘミンとは10歳違い、次女のヘウンとは６歳違いの末っ子ヘソンは、２人の姉が犬を飼いたいと歌っていたときに生まれた。犬ではなく妹を迎えた姉たちは、まるでわが子のようにヘソンをかわいがり、面倒を見た。こうして家族の愛を受けて育ったヘソンだったが、愛されて当たり前という顔で身勝手な行動を取るようなことは決してなく、思いやりのある、温厚な性格の子に育ってくれた。

姉たちがハーバードに行くと、多くの人がヘソンを心配して、「末っ子はストレスが大きいんじゃないですか。お姉ちゃんたちについていくのが大変そう」と、ハーバード進学のプレッシャーを受けていないかと気にかけてくれた。しかしヘソン本人は、どうしてみんながそんな心配をするのかわからない、自分は自慢の姉たちを持って幸せだ、と言っていた。私はそれを聞いて、ヘソンが自尊心のある芯の丈夫な子だとわかり、安心した。

　姉たちの影響を受けたヘソンは、早くからいろいろな活動を始めた。中学入学後に始めた馬牧場のボランティアは、7年間、1000時間以上にわたった。教会の青少年合唱団、週末の韓国学校の補助教師、カリグラフィーの習得と講師なども、6年間続けた。学校の新聞部、アジアクラブ、WiSTEM[*1]クラブ、コンピューターのクラスのボランティア、PALS[*2]のユースセンターのボランティアなど、高校入学後に始めた活動やボランティアも3〜4年にわたり、しっかりと最後までやり遂げた。そして、これらの活動はすべて大学の願書に書き込んだ。アメリカの大学は、長期のボランティア活動を重視する。このようにボランティアが継続できた秘訣は、しっかり時間管理をしただけでなく、活動の目的をよく理解し、集中力を持続させたからだ。人のために働くボランティアは、口より先に手足を動かさないといけない。また、状況にうまく対処し、主体的に行動する必要がある。

---

＊1　理系女性（Women in STEM）のこと。STEM は Science（科学）、Technology（技術）、Engineering（工学）、Mathematics（数学）の略。
＊2　The Police Athletic League for Students の略称。スポーツを通じて青少年の犯罪を防止することを目指す警察官の組織。

そんなヘソンの強みは、新型コロナのパンデミック期間中にも発揮された。ヘソンは大学1年生が終わる前にパンデミックが始まってしまい、在宅で勉強やインターンシップをこなすことになった。そのうちワクチン接種が開始されたが、その申請手続きは非常に複雑だった。実は私もヘソンの手を借りて、やっとワクチン接種ができたほどだ。そのときヘソンは、パソコンや英語に不慣れな年配の韓国人移民は接種の予約ができないのではないかと心配していた。

　その数日後、ヘソンは行動に移した。いくつかのNPOにメールを送り、自分は韓国語とパソコンが得意なので、ワクチン接種予約に困っているお年寄りを手助けしたいと申し出たのだ。すると、あるボランティアセンターから、1週間で1000人の高齢者を対象にワクチン接種を行うプロジェクトがあるから、その手伝いをしてほしいと返事があった。それから数週間、ヘソンは電話を手放す暇もなかった。こうして、ヘソンが予約を手伝った人の数は287人に及んだ。他の国や地域出身のボランティアも多数いたが、ヘソンが最も多くの成果を上げ、主催者側はヘソンの手際を褒めるとともに、ヘソンに出会えてラッキーだと喜んでいた。

　ヘソンは幼い頃から他の人の手伝いをする機会が多かったため、自分から進んで仕事をする能力が自然と身についたのだろう。他人のために一生懸命働いていると、次第に誰かの力になれる喜びを知り、心も温かくなり、社会になくてはならない存在になれるのだ。

## 自分の個性を探す

　ヘソンは小学生の頃から、長女ヘミンと一緒にピアノを習い始め

た。私がかなり忙しくて時間が取れなかったため、ヘミンが習うついでに習わせたのだ。しかし、ヘミンとは違ってピアノには興味がなさそうだったので、次女ヘウンがやっていたバイオリンを習わせてもみた。だが、手が比較的小さいヘソンは、ピアノもバイオリンも苦労しているようだった。そこで、1人遊びでよく絵を描いていたのを思い出して美術教室に行かせたが、これは中学に入ってからも続いた。

　さらに、中学1年生のときには、Part4で紹介したカリグラフィーを始めた。書芸のように文字を手書きで美しく書く技術で、うまくいけばいい趣味になると思い、先生を探し、8週間の基本コースに登録した。先生は家から車で1時間ほどの距離にあるアトリエを教室にしていたので、毎週その距離を通うのは楽ではなかったが、ヘソンは鼻歌まで歌いながら、疲れも知らずに楽しそうに習った。

　受講生のほとんどは、私と同年代の中年女性だったので、ヘソンのような子どもが習いに来るのは不思議がられた。子ども1人で、しかも左利きのハンディがあったのに、ヘソンは気にすることなく、おばさんたちとお喋りしながら、とても楽しんでいた。中学2年生になると美術教室をやめ、より興味のあるカリグラフィーに集中することにした。

　ヘソンはYouTubeを見て他のテクニックも学び、暇さえあれば部屋にこもって練習した。そんな努力の積み重ねで、高校生になってからは専門家のようになった。基本を身につけてからは、季節ごとに各地で開かれるカリグラフィー特別講義に参加し、新しい技法や他の種類の文字も習った。インスタグラムのアカウントも作って、イラストと文字の入った作品を紹介していった。フォロワーも数百人になり、作品を気に入ってくれる人が増えると自信がつき、人に教えるほど腕を

上げた。カリグラフィー協会にも登録して情報を集め、活動の幅も広がった。私はヘソンの作品を集めておき、ハーバードの願書に添付する映像ポートフォリオとして使った。

## ユニークな個性でスペックを上げる

　ヘソンも高校１年生を終える頃、夏のインターンシップを探していた。次女ヘウンのように近隣の大学の教授たちに数十通のメールを送って待っていると、Part1でも紹介した通り、UCLAの心臓内科の教授から面接に来るようにと返信があった。高校生に機会をくれるとは、とてもありがたいことだった。その教授は面接の場で自分の研究を説明してくれたのだが、そこは神経心臓研究所で、心臓の神経を研究していた。今回の課題は、ネズミの心臓の神経細胞の繊維についての研究だった。教授によれば、ヘソンは免疫組織についての教育を受けたのち、心臓神経繊維のイメージデータを分析してネズミの心臓神経を描く仕事をすることになるだろうということだった。

　教授はヘソンを選んだ理由を、次のように説明してくれた。まず、コーディングを学んだ経歴とその取得資格を見て、きっとよい仕事をするだろうと思ったそうだ。さらに驚いたのは、履歴書に趣味として書いたカリグラフィーに注目したのだという。この研究では、ネズミの心臓の神経細胞節を細かく描写する必要があるのだが、今のところコンピューターだけでは完璧にできないため、ドローイングプログラムを使って手作業で描かないといけないからだ。そこでヘソンの履歴書を見て、インスタグラムにもアクセスしたところ、この実力であればネズミの神経細胞節をうまく描けるだろうと思い、声をかけてきた

のだった。

　帰り道、ヘソンとその話をしていて、ジグソーパズルの一片がはまったような気分で、思わず感謝の気持ちが湧き上がった。まるで、このインターンシップのためにカリグラフィーを習ってきたかのようではないか。その夏、ヘソンは200時間以上をUCLAの研究室で過ごし、教授の配慮で豚の心臓手術、ギニーピッグの解剖、人の心臓移植手術まで見学することができた。さらに論文が完成すると、ヘソンの名も共同著者として掲載され、ハーバードに提出する願書には教授の推薦書も追加することができた。ヘソンをよく知る教授が、きっとその長所をうまく書いてくれたことだろう。

　ヘソンのハーバード合格を知らせると教授はとても喜んでくれ、その後ヘソンの代わりになる人を給料を払って雇ったと言っていた。高校生のインターンなど、研究室の迷惑にならないかと心配していたが、自分の役割をしっかりこなしたようなので、とても誇らしかった。自分が好きで得意なことを見つけて最善を尽くせば、思わぬチャンスが舞い込んでくるものだ。初めから最高のものを期待するのではなく、できることから真面目に積み重ねていけば、きっとよい機会が訪れるだろう。

## 才能が趣味になり、趣味がボランティアになる

　ヘソンは好きな趣味が才能に変わると、人のためにボランティアをしたいと思うようになり、お年寄りに喜んでもらおうと老人介護施設で教えたりもした。初回の授業は誕生日やクリスマスなど各種グリー

ティングカードを作り、名前をカリグラフィーで書いてあげると大変喜ばれた。次は大文字のAから本格的に教えるようになった。しかし、予想もしなかったことが起きた。お年寄りたちは歳のせいもあって握力が弱く、ペンを握るのも大変そうだったのだ。それ以降も何週間かチャレンジしてみたが、やはり教えるのは難しいという結論に至った。期待が大きかった分、ヘソンも残念そうだった。

　私たちはあきらめることなく、学校の近くの青少年センターを訪れ、そこのディレクターにヘソンのアイデアについて相談してみた。このセンターはLA警察局が運営するNPOで、主に低所得層の青少年向けに親が仕事から帰ってくるまでのあいだ、さまざまな放課後活動をサポートしている。老人介護施設での経験を伝えてカリグラフィーのクラス開設を提案すると、快く承諾してくれた。ヘソンの高校からも5分の距離だったので、放課後に教えるにも都合がよかった。クラスの開設直後はカリグラフィーのことがあまり知られていないため、学ぼうという人はあまりいなかったが、2人の女子中学生が興味を示したので、サンプルを見せて名前を書いてあげると、大喜びで習いたいと言ってきた。こうして迎えた初めての生徒を皮切りに参加者は次第に増え、男子学生も多く参加してくれた。

　こうして始まったクラスは、学期中は週に1回ずつ、ヘソンが高校を卒業するまで続いた。教えることで、ヘソンの実力もさらに向上していった。各学期末にはクラスの生徒たちとカードを作り、老人介護施設に寄付してロビーに飾ったりした。こうしてカリグラフィーを通して青少年センターと老人介護施設をつなげる役割もこなした。
　子どもたちは高校生になるとボランティア活動をしようと試みるが、

いろいろなつまずきポイントに出くわす。そんなときにあきらめてしまうと意欲も自信もなくなり、次の段階に進むのが難しくなる。困難や問題が生じても、新しい道は必ずある。あきらめずに道を探して扉を叩けば、開かれるものだ。

## 人助けのできる喜び

　ヘソンは幼い頃から、家に新しい家電品が届くと、そのマニュアルを読まないと気がすまない子だった。世代のせいか、姉たちとは違ってパソコンの扱いに慣れるのも早かった。私はヘソンが中学１年生のときから、教会の友達を集めてコーディングを習わせた。初めて習ったのはC#（シャープ）*で、コンピューターの基礎知識もなかったのでどこから手をつけたらいいかわからず、教えてくれる先生を探した。ちょうどUCSD（カリフォルニア大学サンディエゴ校）でコンピューター工学を専攻している牧師の息子さんと知り合い、わが家のリビングで初の授業が開かれた。当時、私たちの町でこのように子どもたちがコーディングを習うのは初めてだっただろう。別に他と競って始めたわけではなく、必要だったから習わせたのだが、私はわが町のコーディング教育を開拓した第一人者となった。

　習っている途中で先生が他の州に就職することになり、やむなく中断することになった。コーディングを習っていた子の１人は、これまで生きてきて一番面白いことを見つけたとまで言っていたので、非常に残念だった。一緒に習っていた子どもたちの親と私は、探し回った末に新しい先生を見つけることができた。子どもたちはC#から始め

---

＊　マイクロソフトが開発したプログラミング言語。初心者でも扱いやすい。

ジャバスクリプト[*]まで習い、公認資格にも挑戦した。子どもたちがC#の資格の試験会場に入ると、試験官が何度も首を傾げながら、本当にこの試験を受けに来たのかと確認した。こうしてヘソンを含む子どもたちは最終的に資格を取得できた。先生は誇らしげに、きっとヘソンが南カリフォルニアの資格取得者のなかで最年少だ、『LAタイムズ』に載せるべきニュースだと褒めてくれた。実際はヘソンの誕生日がみんなのなかで一番遅かったから最年少と言っただけで、資格を取った子どもたちは全員が中学生だった。

　高校に入学したヘソンはAPのクラスでコンピューター工学を受講したがったが、難しい科目のため、クラスのコース担当カウンセラーが学校のコンピューターの先生にヘソンを紹介し、ぜひコンピューター工学の授業を受けさせたいというメールを送ってくれた。コンピューターの先生からは特に問題ないだろうと返信をもらい、カウンセラーもヘソンの学びへの情熱に感心して受講を許可してくれた。

　コンピューターを習って、ある程度資格を取ったヘソンは、人助けになることをしたいと思うようになった。家のリビングで始めたコーディング技術で人助けができるとは、どれほど喜ばしいことか。周りを見てみると、コーディングを習いたくても先生が見つけられず機会さえない人もいたからだ。そう思っていると、LAの公立学校の放課後活動をサポートする団体の代表とつながることができた。この団体の先生たちは全員がボランティアで、学校の勉強についていけない子どもたちを無料で教えていた。ヘソンがコーディングの教育ボラン

---

[*] Webサイトやアプリに用いられることが多いプログラミング言語。Webページ上に動きをつけることができ、汎用性が高く利用者も多い。

ティアをやりたいと言うと、ちょうど考えていたところだったが先生が見つからず始められなかったのだと、とても喜んでいた。そしてコンピューター関連の授業責任者としてヘソンを迎えてくれ、近くの小学校と連携して放課後のコンピューター教室を始めることができた。

　そんなわけで、ヘソンは小学生40人にコーディングを教えることになった。なかでも覚えが早い子がもっと勉強したいと言ってきたので、ヘソンはハーバードの無料オンライン講座を紹介してあげた。その子はヘソンの授業のおかげで、将来はNASA（アメリカ航空宇宙局）の技術者になりたいという夢を持ったそうだ。ヘソンもその話をしながら、とてもうれしそうにしていた。

「ママ、私が教えた子たちのなかから、スティーブ・ジョブズみたいな天才が出たらどうする？　勉強の機会がなかった子どもに教えられるだけでも、私はうれしいよ。この子たちは将来、どんな大人になるだろうね」

　最初のうち、私は半信半疑だった。子どもが子どもに教えているようなものだったからだ。しかし、やればできることがわかり、胸がいっぱいになった。そうして私たちは、他の小学校でもコンピューター授業を始める計画を立てることにした。

## 道がなければ新しい道を作る

　夏休み中にサポート団体の代表とメールをやりとりしながら、他の学校でも授業を開く準備をしていったが、新学期が始まってからは連

絡がなくなってしまった。代表に問い合わせて事情を聞くと、財政上の問題でもう団体が運営できなくなったという。これまでの計画がすべて水の泡になってしまい、ヘソンはとても残念そうだった。そこで私たちは、これまでヘソンの授業を監督してくれた先生に会ったのだが、そこで驚きの話を聞いた。

「ヘソン、心配いらないよ。その団体がなくなっても、コンピューターのクラスは続けるから。君はただ教えるだけでいい。実は、私がその団体から受け取るはずだった手当は、前学期の途中からもらえていなかったんだ。君と子どもたちがとても喜んで一生懸命やっていたから、無料で授業を続けたんだ」

高校生のヘソンが小学生を教えるには、先生の監督が必要だった。ところがその先生は、無報酬で授業の監督をしてくれていたのだ。私たちは先生にお礼を言うとともに、これからも子どもたちを教えられる幸運に感謝した。帰り道、ヘソンが出し抜けにこんなことを言った。

「ママ、私がNPOを作ったらどうかな。どうせコンピューターの授業の計画は立ててあるし、学校の承認は代表のほうで取ってくれるって言っていたし」

ヘソンはあきらめるどころか、さらに計画を膨らませた。そこで私はNPOの登録手続きについて調べる一方、ヘソンは小学校の先生を訪ねて計画を説明し、推薦書をもらってきた。私たちはNPOの名称をコードバディ（Codebuddy）と名付けた。コーディングを教えるバ

240

ディ（仲間）という意味だ。

　LA教育局傘下の小学校にコードバディの紹介と推薦書をメールで送り、放課後のコンピュータークラス開講に興味があれば返信してもらうように伝えた。ただメールするだけでなく、校長や担当者に直接説明しようと、名刺を持って小学校に足を運んだ。だが、担当者に会うのはかなり難しかった。会えても書類だけ置いていくように言われ、果たしてしっかり見てくれるのか心配だった。ところが、ヘソン本人ではなく推薦書を書いてくれた先生に問い合わせの連絡が来たという。それはそうだろう、高校生が作ったという団体に授業を任せる学校があるだろうか。連絡を受けた先生は、この1年間のコンピューターの授業について十分説明した上で、ヘソンは高校生だがしっかり教えてくれていたと褒めてくれたそうだ。そのおかげか、それ以降、数人の校長先生から連絡をもらい、面接までできた。コーディングができる友達にもコードバディを紹介し、ボランティアをしないかと勧めると、興味を持ってくれた。

　コードバディとして授業を始め、子どもと先生を繋げられたときの感動は今も忘れられない。これまで走り回ってきたヘソンが目に涙を浮かべている様子を見て、私もうれしく、誇らしかった。「ママ、こんな気持ちになれるから、人はいいことをしたいと思うんだね」。ヘソンがポツンと言った。

　そうやってコードバディのプログラムに参加する小学校と、それを受講する子どもは次第に増えていった。ヘソンが高校3年生になった年には、11校の小学校で約440人の子どもがコーディングの勉強をし

た。その後、コードバディは NPO ボランティア賞を受賞し、その賞金で最初の「子どもコーディング大会」も開いた。今でもコードバディは後輩たちによって運営され、子どもたちに早期からコーディングに触れる学びの機会を設け、コンピューターに親しませる役割をしている。

幼いうちにコーディングを学べたヘソンは恵まれていた。ヘソンはそれを独り占めするのではなく人と分かち合い、それが自分の喜びにつながる経験をした。コンピューターを専門としている人は多いが、子どもがそんな高給取りからコーディングを学べる機会はあまりない。しかし、コードバディはその団体名のように、遊びのようにコーディングを教えてくれる、親しい友達のような先生と子どもを結びつけたのだ。

## さまざまな挑戦と経験によって夢に近づく

ヘソンは科学に特に興味を持っていた。高校を選ぶときも文系の学校か、数学・科学系かで悩んだ末に、姉たちが通ったクリーブランド高校を選んだ。いくら天才的で奇抜な科学的発見をしたとしても、それを文にして発表できなければ意味がないと思ったからだ。科学者だって研究結果を論文として発表し、それを読んだ人がさらに研究を発展させていくものだ。このように、どんな分野でも学問の基礎は文章力だ。そうしてヘソンも、姉たちのように文章力を磨きながら、自分の関心分野について思うように表現していった。インターンシップをきっかけに生物学に興味を持ったヘソンは、コーディングによってテクノロジーと科学を結びつけた。学校では人文学にも関心を抱い

た。こうして自分の学問的関心がどこにあるのかを知るために、多くのトライを重ねた。

　<mark>自分の興味や関心がどこにあるのかを知ることは、将来の進路を決める際に役に立つ。</mark>親御さんと会って話すと、うちの子は自分が何をしたいのかよくわからないようだ、と心配する人が多い。確かに、子どものうちは自分の将来のイメージがはっきりしないことも多いだろう。だからといって、またいずれ考えればいい、というものでもない。<mark>ひとまず壁にぶつかり、機会があるたびに何でもやってみるうちに、だんだんと輪郭がはっきりとしていくものだ。</mark>

　夏休み中はアカデミックなプログラムが多く実施される。毎年夏にそういったプログラムを選んで勉強することで、さまざまな分野の挑戦ができる。ヘソンは小学6年生から高校2年生の夏まで、6回にわたって毎回違うテーマを扱うアカデミックキャンプに参加した。自分で内容を調べて選択したプログラムを通して、その分野が適性に合うかどうかを実際に確かめることができた。また、一緒に参加した友達を見てよい刺激を受け、協力することを学んだりもした。

　なかでも中学2年生の夏に参加したキャンプは医学概論の課程で、科学ジャーナルの記事を読んで分析・実験をすることで人体の研究を体験することができた。ヘソンはそこで実験に興味を覚え、生物学への関心を深めていった。

　中学3年生の夏にはカリフォルニア州立大学が主催するCOSMOSに参加した。大学のキャンパスの4カ所で、選抜された高校生約700

人が寮に泊まり込みで授業を受けた。STEMを専攻したい学生たちが好むようなカリキュラムや、著名な教授陣による実習があることから、カリフォルニアでは有名な理系のキャンプだ。財政支援も受けられるため競争率が高く、たいていは高校生から選抜されるため中学生にはあまりチャンスがないのだが、ヘソンは以前から夏のプログラムに熱心に参加した経歴が認められ選抜された。さらにありがたいことに、参加費全額が奨学金で支給された。

　ヘソンはUCデービス校のキャンパスで、「生物物理学とロボット工学におけるコンピューター」という授業を受けた。キャンパスが広大なので授業に行くのに自転車で移動し、学食で大学生のように過ごしたことを喜んでいた。中学生が対象のキャンプとは違い、学生が自主的に行動することができたそうだ。一緒にキャンプに参加した先輩たちは、その後大学のSTEM分野に進学したという。この授業では特にコンピュータープログラミングを集中的に学び、ロボット工学関連のエンジニアリングも勉強できた。だが、実を言うとヘソンはエンジニアリングには興味がなく、もっと生物学と関連した勉強がしたかったという。

　高校1年生の夏には、先に述べたUCLAの心臓神経内科の研究室でインターンシップを行った。中学2年生の夏に参加したキャンプで医学概論を学び、実験に興味を持っていたので、大学の研究室で実際に見学し学ぶことができたことをヘソンは大変喜び、研究に直接参加したことをとても誇らしそうにしていた。

　高校2年生の夏には、これまで参加したSTEMとは違う勉強をする

ことになった。当時、ヘソンは高校で学ぶ人文学にも面白みを感じていたため、夏のプログラムに何を選ぶかとても悩んでいた。ふつう、夏のキャンプは1～2月中に応募が締め切られるため、冬休みには準備をしないと間に合わない。各分野の有名なキャンプは、アイビーリーグに合格するよりも難しい。だから合格するつもりで応募するより、ひとまず試してみると言ったほうが正しい。私は悩むヘソンに、応募しても合格するとは限らないから、ひとまずSTEMキャンプと人文学キャンプのどちらも応募してみることを助言した。STEMで一番有名なキャンプはRSI（Research Science Institute）で、人文学で一番有名なキャンプはTASP（Telluride Association Summer Program）だ。どちらも合格率は5％以下だった。RSIは各州から1人ずつの50人、海外から30人の計80人が選抜されるが、エッセイ、試験の成績、推薦書、研究経験、受賞経歴などを準備しないといけない。TASPは1次で130人が選ばれ、2次の面接で半分ほどに絞られる（選抜人数は毎年変動する）。エッセイだけの1次に合格すると、履歴書、学校の成績、試験の成績、推薦書などの書類を提出し、2次の面接に進める。

　TASPの面接は、高校生を対象とする面接のなかで最も難しいと言われる。主に面接官はTASP出身者が務めるが、ディベート形式で行われ、志願者が提出したエッセイをもとにエッセイとは反対の意見を示し、それに対して効果的に反論できるかを見るのだ。ヘソンは学校でディベート形式で人文学の勉強をしたため、その経験がとても役に立った。特に最後の質問では、ヘソンが作ったNPOコードバディに興味を示し、どうやって設立したのか、どんな活動をしているのかなどの質問をされたそうだ。
　結果としてヘソンはRSIに落ちた。カリフォルニア州からただ1人

の代表に選ばれるのは、やはり難しいことだった。それでもありがたかったのは、TASPに合格できたことだ。TASPの2次面接から帰ってきたとき、感触がよかったと言っていたため、少し期待していたが、その通りになった。

　TASPで勉強したテーマは、「歴史、科学、文学、哲学のなかにおける人体」だった。ヘソンが好きな分野がすべて入っていた。このキャンプを通して、人文学とは人間を理解するための学問であり、科学とは人間の暮らしをより人間らしくするための道具であることが理解できたそうだ。また、キャンプのおかげで、人文学と科学の関係について考えることができたようだ。ハーバードに出願する際に提出したエッセイで、ヘソンは「科学の発展は、社会、哲学、倫理にも同じ変化を求める」として、人文学と科学の関係をさらに深く研究したいという思いを書いた。

　こうして幼いうちから自分の学問的関心を探ってきたヘソンは、ハーバード大学で人文学と自然との関連性について研究している。

Part **6**

# 人生の新たな章を開く

：娘3人が経験した
　ハーバードの話

# 01 大学進学を通じて親子が学んだこと

## 大学受験のなかで気づいたこと

　2016年9月5日付『タイム』のカバーストーリーは、「平凡な家族、非凡な子どもたち（Ordinary Families. Extraordinary Kids.）」というタイトルで、9つの家族の話を伝えていた。紹介されたのは、アメリカでも名のある人たちばかり。ウォシッキー家の三姉妹であるスーザン（YouTubeのCEO）、アン（23andMe[*1]の創業者）、ジャネット（疫学者）、エマニュエル家の三兄弟であるラーム（駐日米国大使、前シカゴ市長）、エゼキエル（医療倫理学者）、アリ（エンデバーCEO[*2]）、その他にはロドリゲス家のレベッカ（映画監督）、ジーナ（女優）、イヴァリース（作家）、そしてリン家のマヤ（建築デザイナー）とタン（詩人・映画制作者）などだ。取り上げられたこれらの家族は、きょうだい全員が成功していた。富と名声を親から受け継いだ名門ではない。また、単なるお金持ちや有名人ではなく、リーダーシップ、社会

---

[*1] 遺伝子検査サービスを提供するアメリカ企業。
[*2] アメリカの大手エージェント会社。

奉仕、実績などの面でトップクラスに登り詰めた人々だった。子どもたちのうち1人だけではなく、全員が成功した、その子育ての秘訣を取材した特集記事だ。

　この『タイム』の記事を、韓国系新聞『米州中央日報』が教育に関心のある在米韓国人のために紹介していたので（2016年8月27日付、「成功する子どもたちの特徴」）、それにも目を通した。この9家族に見られる多くの共通点のうち、注目すべきは「移民」と「教育」だ。1つを除くすべての家族が移民であり、教育者の家庭だからだ。移民と教育者の共通点は、教育の重要性を認識しているということだ。移民第一世代は、マイノリティーとして生き残る最もよい方法として子どもの教育を強調するということだ。移民たちは、子どもに希望を与え、あるいはプレッシャーをかけて、その上昇志向を刺激する。子どもは自分に尽くしてくれる親の強い期待を満足させようと、トップを目指そうとする。民族的・宗教的プライドも重要な動機となる。そうして闘志をあおり、未来のために今の誘惑を断ち切るのだ。さらに重要なのは、親が強制的にやらせたのではなく、子ども自身の自由意思で目標を目指した点だ。

　この記事を読みながら、アメリカで子育てをするわが家の状況をよく代弁してくれていると思い、大きくうなずいた。私もまた移民であり、親として教育の重要性を痛感しているからだ。さらに、信仰の力でいかなる困難と誘惑にも打ち勝てるという信念で、これまで頑張ってきた。人生全体を見たとき、大学に行くこと自体はそれほど重要な問題ではないかもしれない。しかし、うちの家族の状況から見て、子どもがどの大学に行くかは、次世代に夢を与え、成長させ、プラスの

==影響力を与える架け橋となるのは明らかだ。==

　ときに、幼いうちに自分の意思とは関係なく、大きな困難に見舞われる子どもがいる。親の死や病気、離婚、さらには戦争……。こうした困難を克服することに比べれば、大学入試など小さな問題かもしれない。しかし、このような重大な経験をしていない平凡な子どもにとって、大学入試は生まれて初めて出会う、最も大きい問題、自分の力で乗り越えるべき巨大な山のように見えるのではないだろうか。やはり平凡だったわが子たちにとっても、大学入試は重大な問題だった。==その過程をうまく通り抜けることは、その結果よりも重要だ。そのなかで自分への信頼が育ち、自分が価値ある人間だという確信が生まれ、より広い世界へ飛び立てるようになるからだ。==

　大学入試は、子どもの立場から見たら自分への信頼を育てる時間であり、親にとっては家族間の団結を強める契機と見ることができる。==親子は、一緒に入試の準備をしながら1つになる。==お互いの意思疎通がうまくいかなくては、難関大学の門をくぐることは容易ではない。また、困難をともにすることは、家族としても貴重な思い出となる。ヘウンが完成した宿題を紛失し、家族全員で家中をひっくり返して探しても見つからず、ゴム手袋をはめてゴミ箱まであさったこと、ヘソンがおたふくかぜで学校を1週間休んだこと、車で娘をSATの受験に送っていく途中で事故を起こしたが、ちょうど友達に会ってその車で辛うじて試験に間に合ったこと、ヘミンが親代わりになって妹を学校に送るため、遠くサンフランシスコから飛行機で来てくれたこと、他の州に出かけた親の代わりにヘウンが車で妹を送る途中、廃車になるほどの事故を起こしても、警察官に妹を学校に連れて行かねばならな

いと頼み込んだことなど、こうした出来事がうちの家族の強い絆を作り上げたのだった。このように娘たちを大学に行かせるために経験したさまざまなことを乗り越えるたび、その経験は家族全員にとって、ともに努力して人生の新しい扉を開く重要な契機となったのだ。

## 子どもの足を引っ張る親にならないこと

「遠くにいる娘さんたちは元気ですか？」
「家に帰りたいと言いませんか？」
「娘さんだから心配ですね」

　たまに知人から、娘たちの様子を聞かれる。正直に言って、私も常に気になっている。電話が来ても来なくても心配だ。そんなときは、アメリカの広さを実感する。私たちがいる西部のLAから、娘たちがいる東部のボストンまで飛行機で半日、6～7時間はかかる。病気や事故などがあっても、すぐに駆けつけられる距離ではない。それに、女の子だからいつも神経を使う。娘は絶対に遠くの大学にやらないとか、ハーバードから頼まれても行かせないと冗談を言う親もいる。それをあえて娘3人を送り出した私は、あらためて親の役目について考えた。

　子どもが遠くの大学に行ったのは、親からの独立だ。いや、娘が親離れしたと言うより、私が子離れしたと言うべきだろう。生まれたばかりの子にとって、親の存在はすべてだ。そして成長するにつれ、親の役目は小さくなっていく。そして大学に行く時期になると、私は子どもを手放す準備をしなくてはならない。大学進学は子離れの時期で

もあるのだ。まず親が子離れしてこそ、子どもは心配なく親離れができる。親が子離れできず、足を引っ張っていたら、子どもは存分に翼を広げることができない。

　第一に、ヘミンは６歳で親と一緒にアメリカに渡り、苦楽をともにしてきた。ヘミンは最初に英語をマスターした、幼い頃から私たちを助けてくれた協力者だった。子どものうちから難しい書類を翻訳してくれ、移民生活の困難にともに打ち勝った。そんな娘が、今では自分の人生を生きられるよう、私が先に独立を宣言しなくてはならないと思った。親と妹を残して旅立つヘミンの一番の心配は何か、私はよくわかっている。だから、私から子離れの意思を見せることにした。そうすれば、ヘミンの心配もなくなるだろう。だから、私は暇になった時間を意義深く過ごせるよう計画し、変化と成長を目指して努力することにした。何よりも、神から与えられた私の使命を忠実に果たすことが、家を出て行く子どもたちの心を安らかにしてくれるだろうと信じている。

# 02
# ハーバードが最高の大学と呼ばれるわけ

## グローバル・リーダーを育てる大学

　すべての大学の合格発表が終わると、いくつかの大学から合格通知が送られてくる。今度は受験生が選択する番だ。大学側は、優秀な学生に来てもらうため、広報活動を行う。地域の同窓会の集まりに合格者を招待したり、同窓会からお祝いの電話をして学生を誘ったりもする。ハーバードでも、合格者を学校に招待する「VISITAS」という行事がある。学生を3日間宿泊させて、学校のビジョンを紹介するのだ。入学したらハーバードが学生に何を提供できるか説明し、プレゼンテーションを行う。ハーバードで飛行機のチケットと部屋と食事も提供するというメールを受け取ったヘミンは、小躍りして喜んだ。ただ、子どもを1人で送り出すことは不安だったし、学校の様子が知りたかったので、私も同行することにした。

　正門をくぐって広い芝生に自由に座って本を読んだり、友達同士で笑顔でおしゃべりする様子は、他の大学と変わらなかった。学校の行

事に参加したヘミンは、もう友達をつくって学校のあちこちを見て回っていた。途中で顔を合わせたときにヘミンから聞いた話は、とてもうれしかった。

「ママ、こんなに歓迎されたのは初めてだよ。ここではアジア人だとか、女だからという差別もないし、他の人たちと同等に扱われている感じなの。何より、お互いに違いを認める自由があるのがいいね。この学校、気に入ったよ」

　西部のLAからケンブリッジという遠方の小都市に来て、異邦人になったような感じを受けたらどうしようと心配したが、自分の居場所を見つけたような娘の話に、私は胸をなで下ろした。学校のある街自体が若者であふれ、公共交通機関が整備されていて、どこに行くにも便利だった。勉強で疲れても、学校の外に出ればすぐにストレスを解消できる場所がたくさんある。

　私が見たハーバード大学は、アメリカのためのアメリカの大学ではなく、世界中の人々のための世界の大学だった。ここでは自分がマイノリティーだということも忘れてしまった。ただ、自分はコリアン・アメリカンの代表なのだという感じがした。ここで出会った他国の学生や教授たちも、各民族・各国を代表してここで勉強し、学び、教えているように思われた。世界から集まった人材が、ここで勉強して卒業して、再び世界中に出て行って、各自の場所で世のために働くのだ。また、提携関係にある世界の多くの大学に行って勉強する機会も開かれている。全世界に散らばっている同窓生たちと協力し合うこともできる。

ヘミンが3年生の夏、論文の調査のために中国に行ったときのことだ。2カ月にわたり、北京、上海、広州、香港などの街を巡り歩く計画だったが、21歳の女性の一人旅は心配でもあった。ところが、大学の担当者が名刺を1枚くれて、もし中国で危険な目に遭遇したらそこに連絡するようにと言うのだ。まるで自分がハーバードという会社の社員になったような気がしたと、ヘミンは言った。海外でもしものことがあったら大使館に連絡するように、ハーバード大学では学生が危険な目に遭ったときのためのグローバルなシステムが用意されているのだ。

　世界の人材がたくさん来れば来るほど成長でき、より多くの世界的人材を養成できる――ハーバードはそういう信念を持っているようだった。そうやって育成された人材は、自分の国と民族を代表して、よりよい世界を目指して最善を尽くすのだ。

## ハーバードだけの特別なシステム

　地域の韓国人家庭相談所から、「子どもを大学に入れた母親の経験談」を語ってほしいという依頼を受けた。講演を終えて会場を出たところで、あるお母さんからお礼を言われた。彼女は大学で得られる恩恵について、そんな話を聞いたこともないし、想像もしなかったそうだ。それまでは、何が何でも子どもを名門大学に入れようとする親を見ると、自分たちの見栄のために子どもに苦労させるのかと考えていたが、私の講演を聴いて、そんな特典があるなら自分の子も名門大学に入れたくなったと言った。それを聞いて、具体的にどんな特典があるのか、正確な情報を得られない場合もあることを知った。

うちの娘たちがハーバードで受けた特典を整理してみよう。うちの経験がすべてとは言えないが、これを書いておくことで、将来わが子を大学に入れようとする親の役に立つのではないかと思ったからだ。昔から名門と言われている大学には、それだけの理由がある。他の学校にはない、その学校独自の特典があるのだ。

## お金の心配がいらない

　ハーバード大学は、「ニード・ブラインド（need blind）」政策を採っている。志願のときに奨学金を申請していても、それが合否に影響を与えることはないという意味だ。うちの子たちもハーバードを志願したとき、奨学金を申請した。ここで紛らわしいのが、「奨学金」という用語だ。奨学金は、成績奨学金（Merit Scholarship）と財政補助（Financial Aid）の2つに分けられるが、実はハーバードには成績奨学金がない。学校から奨学金をもらったとすれば、それは財政補助を受けたという意味だ。だから、願書と同時に作成・提出する奨学金の申請書は、成績奨学金を意味するものではない。これは家庭の状況に従って与えられる財政補助だ。ハーバードはこうした財政補助を申請したからといって、合格させたり、不合格にしたりということはない。合否を決定する機関である入試担当事務局（Admissions Office）は、学生の経済状況と関係なく入学を決定する。アメリカにはこうした政策を採る大学が多い。こうした政策が留学生（International Student）にも同じように適用される大学もあり、それが次第に増えているのが現状だ。

　わが家の場合、親は学費を払っていない。そのわけは、親の年収が7万ドル以下だからだ。簡単に言うと、所得が少なくて学生の学費を

払えない家庭だという意味だ。ハーバードは、年収7万ドル以下の家庭の学生には無料で教育を提供する。1年の学費が7〜8万ドルとすれば、そのなかに授業料、寮費、食費、小遣い、医療保険料など、すべてが含まれている。3人の子は全員、学校から財政補助を受けて、親は学費を払わなかった。これを知らなかった人たちは、どうやって3人の子を私立大学に入れたのか気になるようだ。ヘミンがもしカリフォルニア大学バークレー校に行ったとしたら、年に3千ドル払わなければならない。ハーバードに行けばお金を払わなくてもいいというのは、わが家にとっては最もよいニュースだったし、本当に幸いだった。このように勉強するのにお金が問題にならず、気を使わずに思いきり勉強し、目標とすることを成し遂げることができるというのが、最もよい恩恵だ。

　学費と基本的生活は保障されるが、世界のお金持ちの子どもたちが集まるハーバードで、肩身の狭い思いをするのではという不安もあった。だが、学校側の細心の配慮と助力のおかげで、うちの娘たちはまったくそんな心配もなく生活することができた。学校ではパソコンが必要なら買ってくれたし、カリフォルニアのように温暖な地域から来た学生には冬用のコートの購入費まで出してくれた。寒い東部に適応しなくてはならない新入生に、学校の温かい心を伝える措置だ。それだけではない。学期ごとに、学校の売店や近くの食堂で使う小遣いまで、カードにチャージしてくれた。使うことはなかったが、非常時には5千ドルまで支給してくれるという。卒業式に出席する親のための支援金もある。遠隔地に住む親は卒業式に出るために、往復の航空チケットと数日分の宿泊費まで合わせると、かなりの費用がかかる。学校ではこうした状況に配慮し、卒業式出席を望む親のために経費を

支援してくれるのだ。だから、経済的な心配をすることなく、親と一緒に卒業を祝うことができる。

　高校で勉強や各種活動で忙しく過ごした学生なら、大学に入ったら友人と映画や演劇、ミュージカルなどを楽しみたいと思っていることだろう。ところが、ハーバードでは年に５回ほど、どんな公演でも観覧できるチケットをくれるのだ。ケンブリッジやボストンで行われる各種イベントも無料・割引で参加できる。子どもたちに人気のボストン・レッドソックスのゲーム、ボストン交響楽団の公演、バレエ公演など、地域社会のカルチャーも楽しむことができる。登山やロッククライミング、スポーツなど、校外での活動の費用も補助対象だ。

　移民であり、経済的にも恵まれていないわが子たちにとっては、ハーバードで勉強できるというだけでも大きな恩恵だが、経済的な理由で他の友達と一緒に文化的活動ができなかったら、親としては歯がゆかっただろう。だが、こうして学校の細やかな支援があったおかげで、存分に学び、心おきなく学生生活を楽しむことができた。このように、ハーバードで勉強しているあいだは、他の学生と同等な待遇を受けることができた。弱者に対する学校の支援は、すばらしい学生を生み出し、この精神を引き継いだ学生が社会に出て、自分よりも貧しい人たちに手を差し伸べる人材になるのだ。

## 最高の学習コンサルティング

　次女のヘウンは、すべて完璧にやらなければ気がすまない性格だった。その分、ストレスもたまるほうだ。勉強やクラブ活動、ボランティアに加え、週末の信仰生活と、忙しく過ごしていたせいで勉強が

追いつかなかった。悩んだ末、学校が提供するカウンセラーセンターを訪れた。そのセンターでは、自己管理のためのさまざまなワークショップが準備されており、「速読法」「課題計画」「時間管理法」などを体系的に学ぶことができた。勉強に苦労している学生のためのチュータープログラムも提供されており、マンツーマンのカウンセリングも受けることができる。

　ヘウンによれば、マンツーマンのカウンセリングが最も役立ったと言う。おかげで授業のための課題をどう考えてアプローチするか、考えるヒントを得られた。課題を「大きな塊」のまま考えると、負担とストレスが重くなる。ヘウンは、まずこの大きな塊を分類して小さく分けるように、とのアドバイスを受けた。そうして小さくすれば、ストレスは減る。小さくなった課題を段階別にいつまでに処理するか、スケジュールを作成する。計画を立ててから、カウンセラーと相談を重ねながら、うまく実行できているか点検を受ける。こうして、1学期のあいだコーチングを受けると、生活は完全に変わったという。こうした自己管理法を、高校生のころから知っていたら、もっとうまくやれたはずだと残念がりもした。そのおかげで、ヘウンは実家に戻ってきたとき、末っ子のヘソンと教会の後輩たちのために、自己管理学習法をテーマにセミナーまで開いた。

## 細かな支援と管理

　ハーバードに入学すると、新入生だけ集めた寮で暮らすことになる。新入生は専任のアドバイザーからさまざまなレベルの支援を受ける。アドバイザーは文字通り、アドバイスをしたり手助けしてくれる人たちだ。

２年生以上は12カ所の寮に分かれて住み、卒業するまで一緒に寮で生活する。12カ所の寮にはそれぞれ名前が付けられており、1つの村のようだ。寮にはフロア別にさまざまなアドバイザーがいて、学生の生活を管理し、時々学生を集めてピザパーティーを開いてくれたり、悩みを聞いたりしてくれる。姉や兄のような頼れる存在だ。各寮には代表のアドバイザーがおり、専攻別にアカデミック・アドバイザーもいる。特に法学部生や医学部生のための専門的アドバイザーも配置されている。

　大学にもアドバイザーがいて、生活上の問題を相談したり、大学外の有名な奨学金制度の手続きを手助けしてくれる。学業指導、時間管理、就職や進路相談、インターンシップや夏季活動支援のための専攻別アドバイザーもいる。
　このように、どこに行ってもアドバイザーがシステマティックに配置されているから、どんな問題が起きても、手を貸してもらうことができるのだ。このような支援と保護を受けながら学ぶので、学生たちがドロップアウトするケースはごくまれだ。そのおかげで、ハーバードの卒業率は98％に達する。アメリカの大学の平均卒業率は47％というから、その2倍以上の数値だ。中退した2％も、起業したり転校したりしたケースだという。

　学校の支援と保護のシステムに関してさらに驚いたことは、寮の食堂のサービスだ。私は母として、常に食事のことを気にしていたが、これも無用な心配だった。たまに12時の授業に出なくてはならないとき、昼食はどうするのかと思ったら、食堂で弁当を作ってくれるのだという。前日のうちにパソコンで指定のメニューから選んで弁当をリ

クエストすると、朝食時に弁当をもらえるという。健康の基本である食事までしっかり管理してくれると聞いて、私は感嘆の声を上げてしまった。

## 多様な活動支援

　長女のヘミンは1年生のときから中国政治に関心を持ち、中国語を学んだ。夏休みになって、現地を自分の目で見たいと思い、英語教師として中国に行った。実のところ、1年生でインターンシップや海外に行く機会をつかむのは、非常に難しいという。ほとんどの場合、2、3年生に機会が与えられるからだ。中国の暑い夏に英語教師をするのは大変だったが、1年生にも機会が与えられただけでもありがたかったそうだ。中国の学校から提示された条件は、航空券と宿泊・食事の提供だった。夏のプログラムが終わってから、中国旅行をすることができた。2年生の夏休みには、2カ月にわたり韓国統一部[*1]でインターンをした。航空便と2カ月の生活費はハーバードが支援してくれた。

　3年生の夏休みには、卒業論文のために中国現地でのリサーチ作業が必須だった。このリサーチのため、中国語もかなり勉強した。問題は中国での生活費とリサーチの費用だった。援助を受けるためにあちこち調べたあげく、ハーバード大学ウェザーヘッド国際問題研究所ですべての費用を支援してくれるという連絡があった。大学生にもリサーチのための支援が提供されるというのだから、驚いてしまった。ヘミンは3年生の冬休みにも家に帰らず、「ティーチ・フォー・アメリカ」[*2]

---

[*1]　朝鮮半島の統一、南北の対話、交流、協力に関する政策立案や統一教育など、統一に関する業務を担う政府機関。部は日本の省にあたる。
[*2]　Teach For America、TFA。ニューヨーク州に本部を置く教育NPO。

のプログラムに参加し、ボストンで貧困層の学生を教えるボランティアをしたが、そのときも大学の支援を受けることができた。原則的に長期休暇中は寮にいられないが、ヘミンのような理由で残っている学生のために提供される寮があり、そこで食事もとることができた。その他に生活費も学校から支援を受け、寒い冬を意義深く過ごすことができた。

　次女のヘウンも1年生の夏休みにアルゼンチンでハーバード・サマースクールに参加した。高校生の頃から学んだスペイン語の勉強を続けたのだ。アルゼンチン現地でスペイン語のコースに参加したおかげで、貴重な経験と語学の実力を蓄えることができた。私たちがメキシコに宣教に行くときは現地で通訳を頼まねばならないが、アルゼンチンに行ってきたヘウンが完璧に通訳してくれるので、とても助かった。そうやって大学に通いながらスペイン語の実力を磨いてきたおかげで、インターンをするときもスペックを認められた。学校では学生たちの言語教育を積極的に支援してくれ、特別に現地で言語を習得する機会も与えてくれた。

　ヘウンは2年生を終えてギャップイヤーを取って休学した。その間に自分が行こうとしている進路が本当に自分に合っているのか、実際に経験したかったからだ。休学中にワシントンD.C.にあるNPOとLA検事室でインターンをしたあと、再びワシントンD.C.に戻って連邦住宅都市開発部でインターンとして働いた。そうやって休学中の1年間に関心のある分野の職場を見て回るあいだ、学校の情報提供と支援にずいぶん助けられた。

　財政的にも同窓生の支援を受けることができた。3年生に復学したヘウンは、LSAT（Law School Admission Test、法科大学院入学試験）

の準備もし、3年生の夏休みにはニューヨーク地域の貧困層のための国選弁護士団体でインターンをした。このときも補助金を受けて生活することができた。

## 最高の学校生活を送るための支援

　大学の多忙なスケジュールをこなしているとストレスがたまるが、そんなときは趣味でストレスを解消するといい。うちの子たちも演劇を見に行ったり、アジアンクラブのような同好会活動に参加してストレスを解消していた。

　ヘウンは陶芸の趣味を始めた。学校に焼き物作りを教えてくれる場所があり、学生IDがあればいつでもそこを利用できた。陶芸は学生が教えてくれるのだが、専門家レベルの実力を持っているという。4年生のときにはボクシングも始めたが、これも専門のコーチが教えてくれる。他の友達も多様な趣味を持っており、お互いに教え合ったりするという。

　ハーバードの特長の1つは図書館だ。図書館が大きく、世界各地の本を所蔵しているのもすばらしいが、学生への恩恵も大きい。中央図書館は24時間オープンしており、それ以外に学部別の図書館、大学図書館まで、多くの図書館がある。うちの子たちが好きな図書館は、学生寮にある図書館だった。ある寮の図書館は、街で2番目に古い建物にあり、部屋が8つある。ジョージ・ワシントン初代大統領も利用したという、歴史と伝統のある建物だ。その図書館で、予約すればグループミーティングをしたり友達と映画を見たりもできる。

　大学生活を始めたばかりのヘソンも、さまざまな恩恵を存分に受け

ている。頑張って授業に出ていることはもちろん、姉たちのお勧めのクラブにも参加し、自分が好きな映画のフィルムフェスティバルも計画しながら、楽しく学校で過ごしている。だが、せっかくの大学生活が始まったばかりのときに、コロナの流行でしかたなく実家に帰ってきた。やることを探していたヘソンは、ハーバードの科学ジャーナルの編集を引き受け、論文をせっせと読みながらコロナがどんな影響をもたらしたのか調べている。

# ハーバードを卒業した
# ヘミンとヘウンが選んだ道

　長女のヘミンは大学生活を始めてから、自分の関心のある分野をさらに具体的に絞っていった。高校のときは国際関係学に関心があり、国連で働く夢を持っていた。大学に入学して、いっそう深く勉強するなかで国際政治学を専攻したヘミンは、特に中国とアジアについて集中的に勉強することにした。2年生が終わると、ヘミンは政治学の博士課程に挑戦することに決めた。博士学位を取って大学教授になり、学生を教えながら研究をしたいと言うのだ。それが何であれ、自分で決めたことなら大賛成だ。勉強が一番好きで自信のあることだというヘミンには、ぴったりの仕事だろう。学部の論文であっても、ヘミンはしっかりリサーチして、全力で書いた。論文執筆では、教授と助教から多く手助けをもらったという。ありがたいことに、論文は政治学科の論文賞を受賞し、首席卒業とファイ・ベータ・カッパ（Phi Beta Kappa、アメリカ最古の学術系名誉団体）のメンバーへの推薦という栄誉にも浴した。

　卒業式で私たち夫婦と会ったヘミンの指導教授は、あなたの娘さんがどれほどすばらしい論文を書いたことかと褒めてくれた。そんな称

賛と受賞は修士・博士統合課程に志願したあと、具体的な成果として表れた。志願したほとんどの学校から合格通知をもらったのだ。

その年のハーバードの学部卒業生のうち、ハーバードの政治学の博士課程に合格したのはただ1人、ヘミンだけだった。ところがヘミンは、学問の多様性を経験したいからと言って、学問風土の違うスタンフォード大学の修士・博士統合課程を選択した。

博士論文のためにスタンフォードで勉強に打ち込んでいたヘミンは、中国語の力をさらに伸ばすために、中国に語学研修に旅立ち、現地で1年を過ごしながらリサーチを行った。今後のヘミンの進路がどちらに向かうかはわからないが、どこに行こうが平和と政治のために活躍することを願うばかりだ。

本書の原稿をほとんど書き終えた頃、ヘミンはスタンフォード大学の大学院を修了し、夢だった大学教授を目指して、いくつかの大学に志願した。その結果、アメリカ陸軍士官学校から国際政治学教授に任用するとの知らせを受けた。アメリカ国内で政治学教授になるのは実に狭き門だが、その困難な目標に向けて走り続けた結果が出たのだ。

ロースクール進学を考えていたヘウンは、3年生に復学すると、進学のための試験勉強を始めた。その課程でアドバイザーのおかげで、ハーバードロースクールのJDP（Junior Deferral Program）のことを知った。このプログラムは学部生のうちにハーバードロースクールに志願するもので、3年生までの成績とLSAT、そしてこれまでの活動をもとに選考される。LSATを勉強する時間が足りず、心配していたヘウンだったが、最善を尽くした結果、合格通知をもらうことができた。そのおかげで、4年生では存分に勉強しながら卒業の準備をすること

ができた。

　ヘウンのようにこのプログラムに合格した学生は、卒業後に2年間、社会経験を積むことが入学条件になっている。旅行、ボランティア、就業など、何をしてもいい。私はこうした原則がとても気に入った。あまりに若いうちに法律を勉強して弁護士になるより、人生経験を少しでも積んでから法律を勉強するほうが、よりよい法律家になるのではないかと思うからだ。

　2年という時間が与えられたヘウンは、スペイン語にもっと堪能になりたいのでスペインに行きたいと言い、スペイン政府を通じて補助教員の職を得た。ヘウンはコロナの流行で家に帰る前まで、ほぼ2年近くをスペイン南部と北部で暮らしながら、文化と言語を身につけた。勤務先の学校が東洋人のほとんどいない田舎だったので大変さもあったが、時間があればヨーロッパを旅しながら新しいことを学ぶことができたという。今後、法律の勉強をするようになれば、国際法に重点を置いて、国際弁護士になりたいと考えている。

　ヘウンはその経験を通じて、語学の実力を伸ばしただけでなく、法律の分野にもいっそう関心を深めることになった。今後、より勉強に力を入れて、国家間の不平等をなくすために力を尽くすよう祈るばかりだ。

# エピローグ

## 世界の子どもたちは皆、自分だけの可能性を持っている

「どうすればハーバードに行けるのか」
「特別な秘訣があるのか」
「子どものスペックは？」
「SATの点数はどれほどか」

これまで私はこういった質問を数多く受けてきた。私たち夫婦が答えると、それがまるで権威ある語録のように、一言一言メモを取る人までいた。一家に1人くらいならともかく、3人の子が全員ハーバードに入学したのは、きっと何か大変な秘訣があるに違いないと思われているようだ。

ごく平凡な、ひょっとしたら並以下かもしれない環境で、特別な塾にも行かせなかった3人の子が、どうしてハーバードに行けたのだろうか。それも、アメリカのメインストリームに入り込むことも難しいマイノリティーの移民であり、親は今も言葉と文化的な壁の前で苦労している社会的弱者だ。

結論から言えば、それは「違う」という差別性のおかげだ。わが家の3人娘はアメリカ人とは違い、また同じ年齢の子たちとも違い、さらには姉妹でもそれぞれ違っているため、世界最高の大学と言われるハーバードの門をくぐることができたのだ。

わが家がアメリカに到着して初めて住んだ田舎町での生活は、都市とはあまりに違っていた。なんとなく当たり前のように考えてきたが、生活環境の違いは大きな違いをもたらすことがある。もし私たちがアメリカ社会に完全に同化し、アイデンティティを失ったままアメリカ人として生きていたら、うちの3人の子たちがハーバードに入学することはなかったかもしれない。

　私は子どもたちに、こう教えた。私たちがいくらアメリカのメインストリームに入り込もうとしても、アメリカ人は絶対に認めない、だから絶対にアメリカ人になろうと努力しないように、と。むしろ、顔も、肌の色も、言葉も、文化も違うことをはっきりと認めるように言った。
　アメリカの市民権を持ち、権利も持っているとしても、英語を完璧に使って意思疎通に問題がないとしても、アメリカ人から見たら、不思議なほど英語がうまいアジア人でしかない。韓国人というアイデンティティを持ち、韓国的な面を強調しながら、違った美しさを見せれば、開放的で自由な思考と文化を持つアメリカ人は、違うというだけでも興味を持つと思った。いったん違いを認めて受け入れ、自分よりよい点を発見すれば、尊重して認めてくれるはずだ。

　また、私は子どもたちの誤りを見つけたとき、いかなる状況にもぶれない一貫性を保とうと努力した。親が決めた原則や信念を揺るがす雑音や誘惑は実に多いが、一度決めた原則と信念は絶対に守るという夫婦の意志が3人の娘には安定感を与え、結局は各自の目標を達成させる原動力となった。

入試コンサルティングに頼むことは念頭になく、ただ公立学校に通わせながら、特別な塾などには行かせることもなかったが、3人が皆ハーバードに入ったのはなぜだろうか。それはひとえに神が私たちに施してくださった恩恵だったと言うほかないだろう。それ以外には説明は不可能だ。

　3人が美しく成長し、自分の道を探していくのを見ながら、私の使命を発見した。それは、よりよい親になる方法を学ぼうとするすべての人たちのために少しでも役立ち、子どもに対する親の責任と使命を見つける手助けをすることだ。本書には、そんな切なる思いが詰め込まれている。

【著者紹介】
## シム・ファルギョン
● ――韓国でキリスト教教育で修士学位を取得した後、同じ大学で神学を学んでいた夫と結婚。夫の留学を機にアメリカに移住。
● ――アジア人移民は社会的にはマイノリティーであり、さらに牧師の家庭だったため経済的にも苦しかったが、入試コンサルティングはもちろん、塾にも行かせず、一般の公立学校に通った３人の娘全員をハーバード大学に入学させた。
● ――三姉妹がハーバードに合格したあとも「私はごく平凡な人間で、特別なところは一つもない。すべて子どもたちが成し遂げたことだ」と述べ、多くを語らなかったが、本書で初めてそのストーリーを惜しみなく公開。決して楽ではない環境で、目標を達成するために三姉妹と母親が共に実践したモチベーションの付与、自己管理、勉強法を明かした。
● ――子どもの教育や育て方に関する講演を活発に行いながら、多くの親の悩みを聞いて共感し、読者一人ひとりと目を合わせるような温かいメッセージを伝えようとしている。

【訳者】
## 吉川　南（よしかわ・みなみ）
● ――朝鮮語・英語翻訳家。早稲田大学政治経済学部卒業。韓国の書籍やテレビ番組の字幕など、ジャンルを問わず幅広く翻訳を手がけている。
● ――訳書に『私は私のままで生きることにした』（ワニブックス）、『「後回し」にしない技術』（文響社）、『今まであなたのこと友達だと思ってたのに』『小さな星だけど輝いている』（かんき出版）、『勉強が面白くなる瞬間』（ダイヤモンド社）など多数。

---

## ３人の娘をハーバードに合格させた
## 子どもが自ら学びだす育て方

2024年10月7日　第1刷発行

著　者――シム・ファルギョン
訳　者――吉川　南
発行者――齊藤　龍男
発行所――株式会社かんき出版
　　　　東京都千代田区麴町4-1-4 西脇ビル 〒102-0083
　　　　電話　営業部：03(3262)8011(代)　編集部：03(3262)8012(代)
　　　　FAX　03(3234)4421　　　　振替　00100-2-62304
　　　　https://kanki-pub.co.jp/

印刷所――シナノ書籍印刷株式会社

乱丁・落丁本はお取り替えいたします。購入した書店名を明記して、小社へお送りください。ただし、古書店で購入された場合は、お取り替えできません。
本書の一部、もしくは全部の無断転載・複製複写、デジタルデータ化、放送、データ配信などをすることは、法律で認められた場合を除いて、著作権の侵害となります。
©Minami Yoshikawa 2024 Printed in JAPAN　ISBN 978-4-7612-7764-2 C0037